丈量

主编

陶妙如　余　果　张敬崇
徐久盛　李小现　廖伊静

编委

曾文鼎	冯嘉骏	杨潇航	费文钦	熊天祺	肖琪井	陈明涛	郑雅文
雷茗轩	李旺林	刘　权	刘承熹	刘奥东	赵柏安	李　斌	雷铭峥
李曼奇	谭　依	袁　卓	彭浩涵	彭博文	张思航	罗静宜	尹伊人
刘小川	彭　婷	刘懿轩	张靖汶	侯希雨	向胤孝	曾琪惠	毛伊健
吴慕尧	何鑫威	刘　澧	王　霞	李何泽	何文馨	何　茜	张熙麟
时　瑞	李岳东	杨佳来	肖英冬	唐　静	唐蕴琇	彭鑫盛	曾　朝
雷建音	邓子豪						

湖南教育出版社

著作权所有，请勿擅用本书制作各类出版物，违者必究。

图书在版编目（CIP）数据

丈量／陶妙如等主编． —长沙：湖南教育出版社，2018.10
ISBN 978-7-5539-6406-5

Ⅰ．①丈… Ⅱ．①陶… Ⅲ．①中学教育—研究 Ⅳ．①G63

中国版本图书馆 CIP 数据核字（2018）第 228891 号

	ZHANGLIANG
书　　名	丈量
主　　编	陶妙如　余　果　张敬崇　徐久盛　李小现　廖伊静
责任编辑	周　彬
责任校对	鲍艳玲　殷静宇　张　征
出版发行	湖南教育出版社（长沙市韶山北路443号）
网　　址	www.bakclass.com
微 信 号	贝壳网教育平台
客　　服	0731-85486979
经　　销	湖南省新华书店
印　　刷	湖南雅嘉彩色印刷有限公司
开　　本	710mm×1000mm　16开
印　　张	16
字　　数	278 000
版　　次	2018年10月第1版　2018年10月第1次印刷
书　　号	ISBN 978-7-5539-6406-5
定　　价	45.00元

如有质量问题，影响阅读，请与湖南教育出版社联系调换。
联系电话：0731-85486723

梦想所及的地方，脚步才能到达

  阅读陶老师与孩子们写下的日记，体会着他们的所见所思，感受着他们的所感所悟，自己的内心也被深深触动了。

  书卷中，处处洋溢着纯真和青春。孩子们以不同的形式、从自己的视角、用生动的语言表达了他们对外部世界的理解和感受，反映出他们游学和成长的经历。文字真实而新颖，虽然不免青涩和稚嫩，却真诚而阳光，充满了蓬勃生机。

  国际化教育开阔了学生的视野，提升了学生的格局。眼中大千世界的变化、东西方文化的交汇与碰撞，都会给人带来认识的升华和思维的深化。无疑，从文化根基深厚的故乡迈向广阔的太平洋彼岸，孩子们获得了许多新的见识，汲取了不少新的养分。

  好的教育一定会鼓励和训练学生的独立思考能力。中西方的先贤们不约而同地说过"学而不思则罔""我思故我在"。教育的根本目标之一正是鼓励学生勤于思考而不是人云亦云、探究事情的本质而不是囿于表象。在书中，我们可喜地看到了学生们对过往事物和未知世界的种种思考。陶老师一直在鼓励学生们将自己的经历和思考写下来，不断进行反思和总结。这无疑是一个好的方法，相信这种训练会让孩子们受益终身。同时，陶老师深厚的国学底蕴和多年的国际化教育经验，也使得她的点评和指导深受孩子们的欢迎。

  更深层次而言，我们从师生的文字中看到了爱。其中，既有师生对祖国、对文化、对生活的热爱，更有师生之间的爱。这种爱，未必荡气回肠，却温暖而隽永，悠远而流长。有人说，教育的本质就是要点亮孩子们心中的那盏灯。我想，那盏灯是要用"爱"来点亮的。毕竟，"教育是根植于爱的"。从师生们点点滴滴的叙述中，我们充分感受到了心的交流和爱的传递。

惟楚有材，于斯为盛。我为我们的学生感到骄傲，为我们的老师感到骄傲，更为我们的学校感到骄傲。学校和师生们的卓越成绩，更让我对自己投身的教育事业充满了希望、充满了信心。

我想，这一批孩子是幸运的。他们生于改革开放的时代，长在快速发展的国家，进入了一流的学校，碰到了优秀的教师。同样可以说，我们的国家、我们的学校和我们的老师也是幸运的，因为他们拥有了如此可爱的孩子、上进的学子和未来的栋梁之材。

当然，孩子们笔下记载的仅仅是他们青春年华中短短的一段经历，他们还在成长之中，未来的路还很长。作为教育工作者，我们更是肩负责任、使命重大。在此，我希望用安博教育尊崇的文化与同升湖实验学校的师生们共勉："赢"，战胜自我、追求卓越、不怕失败、传递成功；"信"，遵守规则、讲究诚信、重视信誉、从容自信；"合"，团结合作、善于沟通、乐于助人、宽以待人；"创"，开拓创新、不畏未知、积极进取、心怀梦想；"乐"，胸怀大志、快乐工作、简单纯粹、永葆一颗赤子之心。

少年强，则中国强。中国梦、大国力量，希望在少年身上。追求梦想，扬帆起航，脚步已在路上！

我高兴地接受了陶老师的邀请，写下了以上一点点感想。相信读者们看了这套书，也一定会有自己的收获，我乐意向大家推荐这套书。

最后，就用一首诗作为这篇序言的结束语吧：

师生多彩文章妙，实感真情扑面来。

点点星星心自悟，方方面面眼俱开。

一旗独树无庸碌，四海同升有俊才。

喜看湖湘新一辈，登临国际大平台。

安博教育集团董事长

北京华侨科技创业者协会会长

黄劲博士

芙蓉朵朵著年华

从有文字开始,便有了记录,更有了世界的历史。过去于当下称之为历史,而当下便成为明日之历史。非常荣幸,我随着孩子久盛进入同升湖实验学校国际部55班学习而阅读了孩子们和他们的"陶妈"每天写下的日记,领略了这温情、高端的学习历程和大格局教育。

孩子们准备将日记和老师的点拨一道整理成书,作为他们中学阶段的一个总结。作为一个忠实的伴读者、欣赏者,我内心是非常感动的。这是对孩子们全方位的陪伴。

记得在"陶妈"班上几十天后,孩子对我说,他要挤时间学钢琴,修炼雅兴。他说,"陶妈"说的,兴趣是培出来的,高雅是养出来的,大师起先都是初学者。孩子一口一个"陶妈",说实话,作为母亲,在欣喜之余内心里还是有那么一点点醋意闪过的。

美国、澳大利亚微留学卷出来了。孩子说,妈妈,您有兴趣给我们写个序吗?

孩子们寒假去美国,他们每天写下的日记,我们在大洋这边阅读着。伴随着孩子们的足迹,我们也在家欣赏着加州、华盛顿州的种种风景,想象着波音、微软、星巴克的前世今身,探索着那些地方的历史、文化,找出那些地方的相关视频和书籍,一家人围在一起研读。孩子在外游历,我们在家伴游。因为有这些公开的日记,所以我们看到了不同孩子的不同表现、不同收获。

现在,再次阅读着陶妙如先生和学生的日记,我深有感触。那些日记,既有对过去的思考,又有小作者们的心路历程和成长轨迹。那种内心的欣喜、激动之情再一次从心底溢出。孩子们在这样青春飞扬的年纪,遇到一位这样优秀的人生引领者,于未来的人生是何等幸运之事。我有一种冲动,这些,应该分享给更多的人。

今年是改革开放 40 周年。回到 100 年前，或 40 年前，或 20 年前，在中国能有机会这么方便地去到国外游历学习，还是一件不可想象的事情。历史的车轮走到今天，改革开放的深度发展，信息时代的高度演化，综合国力的大幅跃升，学生素质的显著提高，以及教育理念的更新跨越，让这一切都成为现实。这些孩子有幸生长在这个伟大的国家，成长于这个伟大的时代，他们是幸运的。我感觉有一种责任，这些我们应该积极地讴歌。

新时代的我们如何认识自己，如何看待他人，如何审视世界？这是一个很值得思考和探讨的话题。

一代人有一代人的使命，一代人有一代人的追求。无论是"师夷长技以制夷"，还是"科学救国""实业救国""教育救国"……就留学生本身而言，尽管他们的出发点千差万别，但归纳到一点，则都是为了"振兴中华"这个大目标。

而这些，该用怎样的方式传递给我们的下一代，让他们承担起振兴中华之大任？无疑，这是一个更大的、更迫切需要研究并找到可行性高的实践方法的课题。

显然，同升湖实验学校国际部做了这样的尝试。在"安博教育"这个有着世界格局的旗舰上，在同升湖实验学校这个大"墨池"的浸润中，在孙培文校长、张修明主任的实验里，在特级教师陶妙如先生的点化中，在所有科任教师的引导下，55 班的孩子们，走出了一套中西融合的有效的成长模式。

好身体、好心态、好习惯，这是同升湖实验学校孙培文校长对孩子们长远的布局。

中国底色、世界格局，这是国际部张修明主任的愿景。大格局，才有大发展。

会用眼睛看美好，能为家族、国家和世界做出贡献，这是陶妙如先生传递给学生的大智慧、大情怀。

在新时代的语境下，这本跨东西半球、纵南北半球的微留学记录，在字里行间，将历史、现实和未来进行了一次很好的连接。这一群中学生对祖国的热爱，对世界的热爱，对知识的热爱，对生活的热爱，已然跃然纸上，饱蘸浓情。这种情感，非出国不能透彻感悟，非交流不能深切理解，非思考不能独抒己见。在舞文弄墨之间，他们已经对自己的人生有了更好的思考与规划。

《左传》有云：君子务知大者远者，小人务知小者近者。

你是谁？你就是你走过的路，读过的书，遇见的人，看过的风景。诚如斯言。

与智者同行，与善者同频，与勇者同道。这本书收录的文章，有不同的视角、不同的侧面、不同的深度，孩子们的文章虽稍显稚嫩，却颇有见地，更让人在陶先生的三言两语的或引语或点评中窥其深刻，顿感豁然。学生的眼睛是纯粹的，也是新颖的，因而文字就有了吸引力和可阅读性。文章极处无奇巧，人品极处只本然。好的文章，就是如此，需要的是多一些真实真诚的书写，少一些华丽的修饰；多一些对问题、对世界的探究，少一些炫耀和自傲。身在其中，心出其外。用东方的视角，来解读在西方的学习生活，往往就有不一样的笔触和韵味，也有更多共享的价值。

再进一步探究其中的价值。这些灵动的文字，既是对国外游学生活的一种观照、记录和反思，也是对我们顺应形势发展、提升教育质量、完善教育理念、更好地培养一代新人的参考、对比和借鉴。其中彰显的更是我们新时代中学生的思想和朝气，呈现的是足以令我们自豪的中国基础教育。

你已飞度万重的山头，去更阔大的湖海投射影子（徐志摩语）。

我相信，有一天，他们的目光所及，就是国家的希望。

我，作为久盛之家长，阅读后谈谈我的感受，亦表达我对55班孩子们寄托之希望，对老师之敬仰，对"安博同升教育"之礼赞，对中国教育之自豪。

卢丽君

感恩教育，分享体验

记得学习《最美论语》的时候，陶老师说，"现代版论语"，什么时候出来，就看我们的了。我想：如果老师有领先的思想、超前的理念和智慧的方法，还遇见非常上进的学生，"现代版论语"就出来了。

记得第一天到国际部，我在日记中写道：在没进国际部之前，我只能看见我认识的人，在这之后，我看见了所有人。读了一个星期之后，我写道：55班的学习风气令我震惊，一是自由不死板，二是竞争不自私，三是紧张不压迫，四是人人都上进！很庆幸，我来到了一个如此好的学习环境。

我很感恩我遇到的这些可亲可敬的老师。孙培文校长把"好身体，好心态，好习惯"作为学生终身的发展目标。我认为这是最健康、最本真的要求。张修明主任把"中国底色，世界格局"作为我们出国留学的要求，这是在告诫留学生勿忘中华的根。我们的班主任陶妙如先生，我们的陶妈，用"会用眼睛看美好，能为家族、国家和世界做贡献"，给出了做人的方法，让我们知道应该做怎样的人。还是感恩，我遇到了一群超群绝伦的老师。

是什么让我们选择了国际部？

是这里与众不同的教育。

岁月数十载，我们感恩安博同升教育。我们是一代有为的学生，我们有责任、有使命要将这里最美好的教育分享给我们身边的人，分享给这个在追求美好生活的社会。

怎样分享？

我们从享受国际部教育两年来三百多万字的日记中，节录了几个时段的内容，整理成了《心界》《丈量》，意在感恩老师，感恩学校，传播老师的教育智慧与思想，传播安博同升教育的文化。

此套书由我们55班全体同学在老师的指导下编写，这既是我们一个有意义的学术性社会实践活动，也是对我们在国内完成的基础教育的一个总结。正如我们的家长刘晓明先生在写给我们的序言中所说：同升湖实验学校国际部的教育，是我们家长希望的教育，也是这个时代所需要的教育。

桃李不言，下自成蹊。孔子得以成为孔子，是因为他弟子的传播；安博同升教育要成为时代所向往的教育，也需要受之培养的一届又一届学子的广泛传播。

同升墨池浸润，笔架大笔如椽！

向胤孝

那些点滴构成了生命的波段

从最初到陶老师的班级开始写日记到现在，快两年了。两年犹如白驹过隙。回首过往，我发现一个重大的"工程"因为坚持而完成了。它就是日记。就是这不起眼的日记，让我可以重温以前的经历和一路的进步，可以让我感受到这两年是真正充实的两年。

在日记中，我几乎记下了所有与自己相关的东西。就比如昨天我看自己的日记。我发现，我以前调节情绪的方法虽然可能不是最好的，但是它帮助我熬过了最痛苦的时期。那个时期，我什么都不想做，什么都讨厌，所有事物在我眼中都是坏的。其实，很多人都会有这种时候。在这时候，我们的心情会极度郁闷、烦躁。怎么办呢？我就想到了一个办法。那就是努力控制自己的情绪，跟自己说一切都很好，用各种方法转移自己的注意力，来熬过这个时期。因为这个时期总会过去的。我要做的就是尽力开心地度过。其实很多人也这样做过，但他们没有像我一样把它记录下来，并在每次郁闷、烦躁的时候提醒自己用这种方法。

陶老师每天根据我们的状况写一篇文章，放在网上，我们边读边写日记。有的日记顺着老师的话题写，也有的日记只记录自己的生活。老师说都可以。现在我真的懂了陶老师说的那句话：写日记，其实就是学会每天与自己对一次话。写完了，心里会舒服很多。我现在也会想，到底是我的办法让我熬过了那个困难的时期；还是我每天读陶老师的文章、写日记，才将心里的烦躁平息，自然地舒缓了自己的情绪。

写作是一个很困难的过程，我刚开始也没有写作的习惯。陶老师很清楚这些，所以首先给我们安排了每天写日记，字数不限，内容不限，只要思想健康。刚开始写日记是容易的，但是时间久了之后，很多人开始因为这样或那样的原因少写或不写。对此，陶老师也不强迫，说想写就写。但是，到了现在我们可能都意识到了写日记的重要性，又开始每天写。日记对我们来说，是记录成长的过程，能够让我们看看自己的日子有没有白过。每天都有记录，对我们的帮助是很大的。无论什么事，只要你坚持下来，都是很有价值的。特别是这些对我们有帮助的东西，既磨砺了自己，又收获了经验。

还举一个例子，是关于我们去美国微留学的。我们去了美国微留学当然有无数的想法、看法，以及了解到的知识。但是，每天所见所想所学所思那么多，要想不忘记，还是需要通过写日记来记录下这些东西。日积月累下来，有的同学30多天写了30多篇日记。我看了那些同学写的日记和自己写的日记。看完之后能明显感觉到我们在一点点地进步。我很清楚地知道，如果没有写日记，过了几个月，我说不定都不记得我在美国干了些什么，学了些什么。那么去美国的游学便失去了本来的意义。

写日记是一个反思的过程，整理所有的日记更是一个全面学习与反思的过程。我很仔细地看了老师的文章、我和其他同学两年来写的日记，发现我们的日记不仅对我们自己很有帮助，对别人来说也是宝贵的经验。因为看别人的日记是在间接地积累经验。我看了别人的日记之后，会感觉自己经历了别人的经历，知道了别人的看法，还了解了很多的人情世故。我们把这些原生态的老师和学生的日记整理出来，分享给大家，相信会给更多的老师、学生和家长一些有益的思考。

张敬崇

目 录

前奏　走向世界

003	走向世界丛书
007	怎样成为中国的名片
014	"入乡随俗",到了哪里就得守哪里的法律
017	"入乡随俗",到了哪里就用哪里的方式交往

第一部　美国篇

023	明早就要出发
026	在上海虹桥机场
028	在云端,在洛杉矶
032	在环球影城
037	在海滩,在"加大",在"天堂"
044	我是中国人,我代表着中国
050	到波特兰,初到寄宿家庭
053	波特兰寄宿家庭第一天
056	Newberg High School 学习第一天
060	Newberg High School 学习第二天
064	Newberg High School 学习第三天
067	简约又静美的告别会

071	迎新年晚会
075	学会敬畏
078	分享在寄宿家庭的精彩
080	大年三十话积累
085	春节，孩子们在波特兰看 NBA
088	美国的教师培训
095	我所理解的哈佛与麻省理工
101	我所看到的耶鲁大学
105	世界影响教育，教育影响人，人影响世界
108	做三有之人：有思想，有智慧，有良心
111	惜别，展示，结业，借钱
115	怎样看大学
119	修房子、写书、培养人是一样的路径
124	为什么要看西雅图
130	野营的意义何在
137	射天狼，钓寒江
138	一张来自寄宿家庭的清洁费用单
143	跃马、飞渡
145	游戏不按规则还能游戏吗
148	必然与偶然
150	父亲的嘱咐

第二部　澳大利亚篇

153	又一次丈量开始
155	悉尼，一个安静优雅的国际大都市
157	堪培拉，一个花园城市
160	墨尔本，为什么会感觉如此亲切
163	在"墨大"，学霸分享

167	到布里斯班，到寄宿家庭
170	远离了那一份繁华
173	等待，平淡，缘
177	在动物园
180	Warner Bros. Movie World
184	幸福感从何而来
188	闲适中的生活
190	昆士兰
193	每一个相遇之人，都是上苍赐予的礼物
196	分享，赞美，游戏
200	会玩也是能力
206	Springfield Central State High School
208	澳洲课堂小浪花
211	良好的教育需要我们共同努力
213	依依惜别的友情
215	听海，踏沙，寻贝，步浪，在黄金海岸
218	在南半球，我们发现，我们感恩

/ 尾声　行者无疆 /

225	日本之行
228	让自己更优秀，才是最好的决定
232	整理的那些事儿

239 / 后记

前奏

走向世界

丈量
ZHANGLIANG

寒假,我们将到美国微留学。陶老师说,如果心界不打开,即使走遍世界,也只是当了回邮差。

为了不只是走走、看看,在出国前,张主任、陶老师和我们一道探究了一些相关的事情。

——敬崇

走向世界丛书

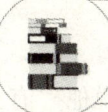

2016年11月9日

【妙如随记】 >>>

20世纪80年代有一套湘版图书,在当时的出版界、文化界以及广大读者中都产生了巨大的影响,今天依然影响很大。

这套丛书叫作"走向世界丛书"。

曾任国务院古籍整理出版规划小组组长的李一氓说它是"出版界的一巨大业绩",又说"这确实是我近年来所见到的整理古文献中最富有思想性、科学性和创造性的一套丛书"。

这套丛书的主编是钟叔河先生。钱钟书这样评价他:"叔河同志正确地识别了这部分史料的重要,唤起了读者的注意,而且采访发掘,找了极有价值而久被湮没的著作,辑成'走向世界丛书',给研究者以便利,这是很大的劳绩。"

"走向世界丛书"收录的是鸦片战争失败后至1911年间一些具有先进思想的近代中国人到国外通商、留学、出使、游历和考察等所撰写的游记、日记、报告文学等。这些记录构成了近代中国人走向世界、认识世界、记录世界、剖析世界、接纳世界艰难历程的全景图。因为都是游历者亲身所见,所体会,所感悟,所以非常真实,非常感人,为我们今天也提供了一个历史的借鉴和崭新的视角。

为什么会有这些记录呢?

清朝有个规定,出使各国的大臣都要写日记。日记要将所见所闻,所作所为,详细记载,随时咨报。

这些日记大多都是真实的记录，也因为太真实，在国内还引起过轩然大波呢。

有一位大臣，叫郭嵩焘，他将他的出使日记，抄寄一份给了总理衙门。这份日记，两万多字，总理衙门以《使西纪程》为名刊印出来。书一问世，就引爆了舆论，朝廷一帮人攻击他，嵩焘先生立马成了"网红"。

当时有个名叫何金寿的人，时任翰林院编修，出来弹劾郭嵩焘，说他"有二心于英国，欲中国臣事之"。

李慈铭在《越缦堂日记》里伐郭"诚不知是何肺肝"，说他极度吹捧英国"法度严明，仁义兼至，富强未艾，寰海归心"，这哪里还是大清朝的臣子！

那时，一切都由太后作主。慈禧太后也好像忘了她曾经信任郭嵩焘的承诺，而放任朝野上下的攻击，并下令将《使西纪程》毁版。

当《使西纪程》被禁毁时，李鸿章为郭嵩焘抱不平，说"筠仙虽有呆气，而洋务确有见地"。

郭嵩焘远在国外辩解了几句，便遭申斥。朝廷斥他：固执任性，所见实属偏狭，本应立即撤回，严行惩戒，姑念其驻英以来，办理交涉事件，尚能妥帖，所以宽大处理，如若固执己见，则以国法论处。

最后，郭嵩焘只能销了差，辞了职，回了老家。

为什么会这样呢？

朝廷官员，理应学习国外的先进文化，探索国家进步的方式。可为什么是如此排斥、抵制、反对，甚至仇视的态度呢？

这种思想观念的落后是由我们长期以来闭关锁国而造成的。

长期的闭关锁国到底是怎么回事呢？

闭关锁国是一步步形成的。

最早还得从七百多年前说起。

在还没有飞机之前，中国与外界相通的路有两条，一条陆路，一条海路，我们统称为丝绸之路。

闭关锁国是从海禁开始的。元世祖忽必烈在位时由于连年对外征战又屡遭失败，于是先后进行了四次海禁。从公元1292年第一次海禁开始到1322年第四次海禁结束，整整三十年，中国与外部世界的联系断断续续。1322年，元朝重新设置了泉州、庆元（宁波）、广州市舶提举司。之后不再禁海。

之后，中国的大航海家汪大渊，由泉州港出海航海，远至埃及。他著有《岛夷志略》一书，记录了他所到国家的社会经济、风土人情。

到了明代，明太祖朱元璋多次颁布禁海令，禁止民间出海对外贸易，也禁止民间使用舶来的物品。明朝从明太祖禁海到明穆宗解除海禁，近两百年之久。其间，也有航海的壮举。那就是郑和下西洋。郑和远航西太平洋和印度洋，拜访了30多个国家和地区，最远到达东非、红海。

明穆宗解除海禁之后，民间私人的海外贸易获得了合法的地位，东南沿海各地的民间海外贸易进入了一个新时期。明朝出现一个全面的开放局面。

到了清代，清政府入关之后，为了禁止和截断东南沿海的抗清势力与据守台湾的郑成功、郑经的联系，以巩固统治，曾于顺治年间、康熙年间多次颁布禁海令、迁海令，禁止人民出海贸易。

1683年，清政府收复台湾后，康熙接受东南沿海各省的请求，停止了清前期的海禁政策。但是康熙的开海禁是有限制的。而且，此时日本的德川幕府为了防止中国产品对日本的冲击，对与清廷的贸易也采取严格的限制。因此，此时的海外贸易与明末相比，已经大为衰弱。

到了乾隆以后，朝廷开始逐渐实行全面的闭关锁国政策。朝廷的闭关锁国政策阻碍了清朝与西方世界的接触，使清朝丧失了与世界同步发展的最佳时期。

当时，西方科技蓬勃发展。而强盛的中国却故步自封，日渐落后。

直到1840年第一次鸦片战争，腐朽的清政府认识到了西方的船坚炮利、科技发达，才慢慢开始睁眼看世界。

几百年沧桑沉浮，世界已经是一个迅速"缩小"的地球村。陆路、海路、空路、互联网发展迅猛，世界已经紧紧相连。中国倡议"一带一路"沿线国家互联互通，共谋发展，路子越走越宽。曾经的闭关锁国早已烟消云散，今日的中国正扛起构建人类命运共同体的大旗，以开放包容、互利共赢的矫健之姿，拥抱世界。

了解他国，学习他国，能完善自我，止于至善。

用我们的眼来看世界，用我们的心来丈量世界，用我们的笔来记录世界！

【再读之悟】 >>>

在陶老师对"走向世界丛书"巧妙的评说中，我们知道了新的"走向世界丛书"由谁来写。陶老师是把这个课题抛给了我们，抛给了有担当这个任务的机会的我们。

我们已经养成了写日记的习惯，由自己来书写自己的历史，让自己见证自己的成长。多年之后，学成归来，我想，我们仍能津津有味地阅读自己的日记。那时，我们也许会觉得现在的自己尚不成熟，文笔与思路欠缺，但是，我们现在所写所感，都是我们自己成长中的真实记录，与以后写回忆录是完全不同的。对此，陶老师在带着我们写日记的时候，我们就感觉到了。就像我们现在整理日记一样，看到之前写的东西，也会觉得自己当时怎么就这么幼稚呢？然后，我们发现了今天的自己和昨天的自己的不同。

于是乎，这套记录着我们和老师"足迹"的新"走向世界丛书"就这样开始了……

余果

怎样成为中国的名片

———— 2016 年 11 月 10 日

【妙如随记】 >>>

多次出使美国的张主任为我们这次去美国，给我做了指导。他说跨文化交流要维护国格，守住人格，并播了一段"劳斯莱斯姐"的视频给我看，指导我如何进一步引导孩子们学会守规则，人人都能当好中国的名片。

我把这些传递给了学生。

近日，一段视频爆红网络。视频中一名女子开着劳斯莱斯魅影跑车带着外国主持人等一行人，在北京街头行驶。引发网友关注的是开车女子最后说的一句话。因为北京车多路堵，开起来很慢，女子说，如果是在哈尔滨，她能封住一整条路，专门用来拍摄。

对话概述如下：

外国主持人说："没想到能坐这么豪华的车逛北京。"

翻译说："这是中国富裕的象征。"

劳斯莱斯姐边开车边自拍，外国主持人提醒："现在最好别用手机。"

劳斯莱斯姐又拍照了。

外国主持人再次提醒劳斯莱斯姐："亲爱的，别用手机，你应该……"转而对翻译说："威尔森，请你礼貌地跟刘女士说一下，好吗？"

外国主持人："你是做什么工作的？"

劳斯莱斯姐："金融。"

外国主持人:"你喜欢劳斯莱斯什么?"

劳斯莱斯姐:"劳斯莱斯就是金字塔上的塔尖。"

翻译在直译后,解读这个比方的含义:"象征了成功与地位。"

外国主持人:"刘女士,你可曾想过,当你开着这么奢华漂亮的车子时,极不富裕的人会对你投以愤恨的目光?"

劳斯莱斯姐:"我心里的感觉就是他们都在欣赏我的车。"

翻译直译后,补充:"而不是在看她。"

外国主持人:"过去曾以数百万辆自行车闻名的北京,如今已是车水马龙。"

翻译:"你会讨厌吗?"

外国主持人:"不会,只是车太多了点。"

劳斯莱斯姐:"如果是在家乡,我可以让人封路,供我们拍摄。"

翻译直译后,补充:"她有高层人脉!"

要保持国格、人格、尊严,得体的跨文化交际很重要。

这名劳斯莱斯姐显露的是什么?

这名翻译,在无意中丢了什么?翻译应该注意什么呢?

首先,劳斯莱斯姐的低俗、无规则意识在言行中已经展露无疑。其修养,因为翻译的不当而显得更加低下。

修养的高低与拥有金钱的多少没什么关系。劳斯莱斯姐在金钱上如此富裕,在修养上却很"贫穷"。

其次,我们说一说翻译应注意些什么。

直译,是翻译的基本原则,也是基本方法。在实际运用中,语言千变万化。严复先生的"信、达、雅",彼得·纽马克的翻译交际法都无法完全套用。但忠于原文,地道、准确地翻译却是必须的。

翻译的最基本的任务是传达意思,要立求简单、明了、精准。

文化差异的存在是客观的。在参与对外交流中也不是每一个个体的素养都很高。翻译者在翻译时要注意传递正确的文化信息。譬如,"如果是在家乡,我可以让人封路,供我们拍摄"可以翻译成"如果是在家乡,她可以找到自由拍摄的地方"。翻译要明白易懂、淡于修饰，像这样直译后，补充"她有高层人脉！"，是添油加醋。

中西语言表达方式有不同，我们是知道的。可是，这一段视频却不得不让我们深思，问题出在哪里呢？其实，这与语言有关，与习惯有关，更与人的价值观有关。这名女士脑子里没有规则意识，没有养成守规则的习惯。翻译也没有守住翻译本身的规范意识。这才导致出现视频中的那种现象。

【学生日记】 >>>

※静宜

走出国门，我们不仅代表自己，更是中国的名片。我身边的确能看到许多低素质的行为。当我身边的人（比如家人）做了一些例如横穿马路、乱扔垃圾之类的事情时，我都会提醒他们，制止他们。确实，曾经他们对我的话不屑一顾，但是他们犯多少次我就讲多少次，渐渐地就好了很多。不要总是抱怨中国人素质低，光说不做有什么用？从自己做起，用自己的文明行为感染和带动身边的人，一传十，十传百，不断扩大影响，这样我们的整体素质便会慢慢提高。

> **妙如回复**
> 以自身高雅待人，人必见我之高雅，日后必能被我影响。

※小现

我曾经去过一次欧洲，有一件发生在英国的事情令我印象深刻。临近下午1点，我在一间当地的餐馆享用完美味的午餐。当我走出大门时，发现我的几名同学正在往回走。我上前与他们聊天，他们告诉我：他们先前遇到一台餐车正在卖热狗，一群人就闹哄哄地围了上去，手拿着钱想要买。整个餐车收银与出货的两个窗口都被堵起来无法正常工作。餐车员工干脆把铁门拉下来，直接走了。周围看到这一幕的商家也拒绝与他们交易。

在国外，我们最需要注意的是秩序。西方国家的发展之所以快速持续，我认为依靠的是做事有秩序，而不是为了达成自己一人的目的而忽略了大家的共同利益。

  出国之前，可以自己先思考出国的目的与出国之后怎样做。要思考怎样显示出一个中国人良好的风范与气质。到达国外之后不要忘记你之前所思考的，更不要因为好奇国外的一些在中国人看来稀奇的事情丢了秩序。

> **妙如回复**
>   若今后遇到此类事，休作看客、评客，要及时站出来，维持秩序。这便是领导力的体现！

※伊人

  我去过很多的国家，我觉得在点餐时，经常会遇到自己看不懂的单词，所以经常会不知道怎么点餐。因为外国人有个习惯，喜欢把菜里所有有的东西都表示出来，所以菜名会很长。然后你在点之前，就要想好自己要吃什么，比如牛排或者意面，然后直接询问哪页可以找到。在询问时一定要注意用 please 等礼貌的词语。

  在异国他乡，你的任何行为都会被别人看到。多与外国人交流，他们大都非常友好。只要敢讲，不管水平如何，你都会有所收获。

> **妙如回复**
>   这是细节，细节体现你的修养。你到了国外，外国人不认识你是谁，但他们知道你是中国人。

※伊静

  我曾经去过一次英国，那时候我才10岁。因为第一家房东家的小孩很凶，所以我们对英国的印象也没有原来那样好了。我们后来坐飞机的时候又和老师聊起这个问题。老师说也许我们也有错，因为我们当时的英语都不是很好，可能是无意之间说错了什么。在这次去美国之前，我想起英国的经历，我认为我们说话不能不经大脑，要说对得起中国形象的话，要时刻礼貌待人。

  我希望这次的美国之旅能够有一个完美的旅程。

> **妙如回复**
> 好案例。了解和尊重他国的文化习俗很重要。前提是能听懂。

※久盛

希望的种子往往在最黑暗的时刻发芽。始于光明,而黑暗往往在最可耻的时候展现。我们期盼着光明,而黑暗的旗帜却插满了各个角落。

沿着幽深黑暗的矿脉向下探寻,往往找到的是黄铜,而真正的黄金却是难以轻易发现的。人们不可以忍受黄铜镀金,却忽略了它趋向金银的本性。

> **妙如回复**
> 天下没有不可以转化的人,就怕诚心不够。
> 天下没有不可以做成的事,只怕立志不坚。
> 没有黑暗对比,哪来光明一说;没有低俗,高雅又从何谈起。

※茗轩

无论是太阳,还是月亮,都有不出现的日子。没有什么可以永恒。时间不止,万物瞬息万变,我们的变化,更是快速无比。

> **妙如回复**
> 凡事有机缘,不先不后,刚刚来了是凑巧。
> 阴阳无变化,有前有后,恰恰去兮是轮回。

※伊健

老师写的文章让我很有感触。中西文化本就有着极大差别。西方人极具逻辑性思维,而中国人在具有一定逻辑性思维的同时,还具有形象思维。一些在我们中国人看来理所当然的东西,在他们看来无法理解。而我们去国外,便是去了解这种差异的,所以,我们要尽量去了解西方人的思维,做到入乡随俗。但是同时还要保留自己的中国底色,这样才能做到中西融合。

妙如回复

不同的文化造成了人们生活习惯、行为方式、思维方式的差异。我们只有去了解和研究别人的文化，才能找到可以融合的地方，才能实现我们共同的目标。

※余果

在一次西安之行中，我们乘坐高铁。原本应该安静的车厢因与我同行的同学而变得吵闹。他们把座椅转过来，打纸牌，打得不亦乐乎。欢笑声传遍整个车厢。我身旁坐着一个外国人。他只是注视着他们，眼神中似乎充满着厌烦。我试图去阻止他们，但他们并不理睬我。作为中国人，我觉得要做到尊重他人。

今天是个重要的日子，因为我又树立了一个新的目标——超越肖英冬。他是一个混血帅哥，是位人才。通过几个星期的交流，我已经对他有了些了解，他精通三国语言，身体强壮。我真的佩服他。在此，我许下承诺：再过几年，我，余果，将会超过他，比他更强。让时间来见证吧。

妙如回复

案例很好！与人相处，不能完全按自己的想法来。凡事要了解人情世故，要明白事情的道理。公共场合切不可高声喧哗，旁若无人。

进步的快慢，看你与谁在一起。你要与英冬携手共进，比肩同行，那是对自我的超越，更是对英冬的赞美……

【再读之悟】 >>>

身在国内，我们在外国人面前是中国的名片；身处国外，亦然。不论身处何地，勿忘自己的身份。"怎样成为中国的名片"，这个问题就是在唤醒我们对祖国应有的自豪感和荣誉感。

陶老师说过，要为家族、国家和世界做出贡献。那么做出贡献的第一步就是成为中国的名片。

怎样成为中国的名片？

郑若麟先生告诫我们，要摆脱精神殖民。

那么如何做好中国的名片？

我认为：

第一，公正——不偏袒，实事求是。

第二，正义——不欺弱，养一身浩然正气。

第三，学会敬畏——不自卑，不自负，敬天地，敬他人，敬自己。

第四，明辨是非——不偏激，多方位思考问题。

余果

2016年11月11日

"入乡随俗",到了哪里就得守哪里的法律

【妙如随记】>>>

"入乡随俗",之所以加引号,是因为应该要随的习俗就随,不能随的习俗还是不能随。

要随的是哪些呢?

到了哪里就得守哪里的法律!

法律,是第一要遵守的。

不要去打法律的擦边球。

什么叫作打擦边球呢?打擦边球指在谈话或行动时,回避锋芒和主要的问题,或做在规定界限边缘而不违反规定的事。也指存在侥幸心理,想靠运气来取得成功。

法律的擦边球就是指行为中涉及的事项在法律法规中尚未作出限制、限定或规范,但行为有悖于道德、伦理、公序良俗和社会管理秩序。实际上就是一种用足法律规范,规避法律风险的自保措施。

打法律的擦边球,就是说行为可能已经违法,但是目前没有部门对此特别关注,或在有人管时可以狡辩等,行为违法不太明显。

在此细说打擦边球,意在提醒:别自以为聪明,别钻空子。

美国是一个所有人都会用法律来保护自己的国家,一旦触犯了他们的私人权益,他们常常会诉诸法律,通过法律程序来解决问题。其实,这种处理方式早在中国《易经》讼卦中就已经提出:处在争讼中的人,要寻求德高望重者或者法

律的帮助，以求公平公正。

让有礼成为习惯。
让微笑成为最好的语言。
让真诚谦逊成为最好的名片。
让有度成为准绳。
不卑不亢，中正平和。

【学生日记】 >>>

※思航

遵纪守法，是每一个人必须做到的事情。国有国法，校有校规。我们在校园里，同样要遵守校纪校规。例如：要按规定着装，尊重师长，不插队，不抽烟，不嚼槟榔。这些都是要所有同学一起去遵守、去维护的规章制度。

习惯是从小养成的，但改变要从现在就开始！这是我们目前的任务。这不仅是为出国做准备，更是为了我们一生的发展打下基础。去到别的国家，就要遵守这个国家的法规，适应他们的文化。正所谓"入乡随俗"。我的看法就是如此。这也是我对自己的激励。加油！

> **妙如回复**
> 厚重、大气、高雅的人无论到哪儿都是领先的！

※茗轩

其实每个人都有自己的想法。即便是大家口中的"真理"，我也并不全信。对于一件事情，每个人心中都有自己的看法与想法。与其改变，为什么不顺其自然呢？只要是自己选择的，总有该走的路要走，总有该想的事要想。

> **妙如回复**
>
> 顺其自然，自然也是按照一定的秩序运行。设想一下，若没有秩序，自然会是什么样子？
>
> 很多事情不是用对错来衡量的，但有高低，有优劣，有深浅。法律是底线，是准绳，所有人都要遵守。

※伊静

在 Alex 的课上，他给我们看了昨天晚上陶老师在日记开头写的关于劳斯莱斯姐的视频的内容。老师从两个方面探讨了这个视频对我们的启示。一个是国际形象和翻译方面的，另一个是商业方面的，而前者是重点。翻译不是那么好当的，因为你要熟悉双方的文化，而不仅仅是语言，并且要维护祖国的形象。不得体的语言要得体地翻译，甚至可以不翻译。

> **妙如回复**
>
> 翻译本身的职责，就是精准地理解说话者的表达意图，用准确、简单的语言翻译出来。在对外交流中，说话者本身的内容中正才是关键，交流者必须为自己说出的话负责。译与不译不能全依靠翻译来取舍。

【再读之悟】 >>>

中国古代，以礼为"绳"，约束自己。直至今日，"绳"未断，标准仍在。笑容如暖阳，谦逊如微风，以此，化千万矛盾于无形。

不同的环境，有不同的规则。在规则里成长，规范而又自由。

余果

——————2016年11月12日

 "入乡随俗",到了哪里就用哪里的方式交往

【妙如随记】 >>>

今天,留美40年的杜鲁门大学教授殷女士到了学校,她为孩子们讲了"'入乡随俗',到了哪里就用哪里的方式交往"。

我边听边进行了记录。主要内容如下:

不管我在美国生活多久,我都是中国人,我以是中国人而感到自豪。

我们必须了解美国文化,学会与美国人相处,学习美国或者说西方文明。融汇中美文化,要用智慧,在不同时间用不同方式。

有人问我是中国好,还是美国好。

这看你如何想,取决于你的生活态度。

去美国前,你要做好准备,要思考你去的目的是什么。

你的目的不是去与人攀比,不是去学会迎合。

交流第一,要过好语言关。英语是一门工具。就是英语不好,才要和大家打交道。

朋友,是共同努力打拼的支柱。不要怕跟别人学,不要怕别人纠正你,要好好练习英语。英语掌握好了,才能听懂别人的话,才能与之交流,然后学到更多的东西。

因为文化的影响,中美人民思维方式会有差异,要摆正心态,不要随便就认为别人对你不尊重。发生误会时,要思考是不是自己的做法不符合美国人的做法、想法,自己有没有做对。要尊重西方人的习惯。

要学会独立生活，包括性格、心理上的独立。要面对人群不恐惧，面对空无一人的校园不觉孤独，任何状况下都能怡然自得地生活。这便是心理的强大。面对困难、陌生人，要知道如何去应对。

不要觉得自己有退路，要往前冲，去用心学习，创造美好人生。

一个人的时间永远是有限的，不要在浪费时间中度过。要学会自律。

自由是建立在自律基础之上的。

在中国，男孩与男孩、女孩与女孩之间，手搭肩，手挽手，我们会觉得是情谊好，在国外不要随便这样子。

融会贯通中美文化的人，走在人群里、团队里，别人都会觉得你不一样。

我们出国，要安心念书，安心充实自己。

出去后，遇到任何自己难以解决的困难，包括身体的、心理的，一定要寻求帮助。要先伸出你的手。只有你伸出了手，别人才知道你需要帮助，才有可能帮你。当然，你得先学会融入别人。交友也是一样。

融入别人的方法，是学会发问。发问是一门很大的学问。

顺着别人来，是我们要主动走进别人的文化。若我们有强大的磁场、很强的吸引力，别人也会试着随我们来。

有没有话语权，是由说话者本身的沟通能力和实力决定的。

【学生日记】 >>>

※伊人

国外的食物我们可能吃不习惯，但我们要学会适应。就像印度的手抓饭。如果到了印度，那我们就应该入乡随俗，去体验当地的特色。而且他们特别喜欢吃咖喱，就会送咖喱酱给你，或许你不习惯，但一定不要拒绝。我们去之前还应该多了解当地的宗教文化，这很重要。

※小现

晚上的时候是国际人才比赛。因为我负责统分的工作，所以我很早就来到了比赛场地。我坐到了一块黑板的斜后方。场地在开始比赛前已经布置好了，中间被空出一大片，用来给选手们展现自我。选手们一个个上场，我在他们上场时不停地计算他们每人的得分。

在这样的忙碌中，一场接近两小时的比赛进入了尾声。这是我第一次观看一场学生自行组织的比赛。比赛安排得很有条理。学长的能力真的很强。

【再读之悟】 >>>

同时在听，陶老师却能如此完整地记录下来。我真的很是感慨：什么时候，我也能练成这样快速而又精准的记录能力呢？我深深地知道：聆听、记录、反思是提高自己的不可或缺的能力。这也是陶老师教导的。因为陶老师的记录，我们对这些内容又加深了印象。因为老师的点拨，我们又多了一些理解。

天平的一端，是中国文化；天平的另一端，是异国风采。影响倾斜程度的因素是"两度"：自觉程度，融入程度。在主动融合中外文化的行为背后，是自律自制的中国底色。

人，立于这个世界，当谦虚，当思辨。因为这世间没有绝对的好和绝对的坏。

文化融合，是思考自己生活态度的一种方式。学会交流，学会发问，自己的格局就出来了。

余果

第一部

美国篇

丈 量
ZHANGLIANG

读万卷书,行万里路,阅无数人,得名家指路,量一量成功者的脚步,走出自己的路。

——余果

———— 2017年1月11日

 # 明早就要出发

【妙如随记】 >>>

明天就要出发，张主任为二十五个孩子围绕"定位、主动、尊重、融合"做出发前指导。

定位，即身份定位，交流定位。

主动，即主动交流，主动与寄宿家庭成员交流。

尊重，即尊重文化差异，尊重个性差异。入乡随俗。

融合，即思想融合，文化融合。

我也强调了两点：

第一，违法的事不做。学习留学美国不得不知的法律常识。特别强调，我们不能抽烟，不能喝酒。

第二，互相不借钱。学会管理自己的财产。

我这段时间一直在翻看钟叔河先生主编的"走向世界丛书"，今晚在读祁兆熙游美洲的日记。读到留美幼童一节时，我在思考，是什么原因让一个十五年留学计划在第十年的时候就中断了呢？

中国首次官派留美的学生回国之后饱受批评。当时的《申报》是这样写的：

国家不惜经费之浩繁，谴诸学徒出洋，孰料出洋之后不知自好，中国第一次出洋并无故家世族，巨商大贾之子弟，其应募而来者类多椎鲁之子，流品殊杂，此等人何足以与言西学，何足以与言水师兵法等事。

1881年，原定十五年的幼童留美计划中断，全部学生被要求回国。当时，耶鲁大学的22名留学幼童中只有詹天佑和欧阳庚二人顺利完成学业。容揆和谭耀勋抗拒召回，留在美国耶鲁大学完成学业。李恩富和陆永泉则是被召回后，又重新回到美国，继续在耶鲁完成了学业。

幼童被撤回的消息，对这些幼童，乃至教育幼童的美国老师，都似晴天霹雳。耶鲁大学的朴德校长联合一批美国友人致信清廷总理衙门，有理有据地指明了撤回留学生的错误，并要求改正。但清政府从政治着眼，还是将幼童撤回来了。

撤回，对于这些学生来说无疑是晴天霹雳，对于学术来说无疑也是损失。这些在美的幼童成绩、表现大多是出类拔萃的。清政府究竟为何执意撤回这些幼童呢？我们来看看当时留学的情况。

1872年8月，一群身穿缎袍、拖着长辫的孩子，由上海出发，跨越太平洋，在美国旧金山登陆。这就是中国第一批官派留学生，当时他们平均年龄只有12岁。他们乘坐刚刚贯通北美大陆的蒸汽火车，到达美国东北部的新英格兰地区，从此开始了他们的留学生涯。此时，是世界格局发生剧烈变化的时刻，他们恰好被送到了那场工业革命的最前沿。

幼童们被分配到54户美国家庭中生活。他们以惊人的速度克服了语言障碍，成为他们就读的各个学校中最优秀的学生。他们所取得的优异成绩令美国人惊叹不已。据不完全统计，到1880年，共有50多名幼童进入美国的大学学习。其中22名进入耶鲁大学，8名进入麻省理工学院，3名进入哥伦比亚大学，1名进入哈佛大学。

幼童在美国接受西方的教育，过美国式的生活。随着时间的推移，这些幼童不愿穿中式服装，经常是一身美式打扮，甚至不少幼童索性把脑后的长辫子剪掉。一些幼童受美国宗教文化的影响，渐渐地信奉了基督教。幼童学习西方教材，不但学到了许多新的自然科学知识，而且接触了较多的资产阶级启蒙时期的人文社会科学文化，这使他们渐渐地对学习"四书五经"等儒家经典失去了兴趣，对烦琐的封建礼节不大遵守，反而对资本主义的制度文化十分迷恋。

这一百多名留学生大部分都在美国民众家生活。经过八九年的美国生活和学习，留学生们已经深受美国文化的影响，本国文化的烙印已经渐渐模糊。

由此，我想到了我们孩子出国学习的目的，以及什么时候出去合适。

10 岁左右的孩子，人生观、价值观、世界观都未初步形成，孩子可塑性是很大的，送得太早，会因环境改变而改变。这不能怪孩子，只能说出去的时候不是最合适的时候。所以，我坚定地认为孩子出国的前提是已经熟悉了本国文化，已经在心里深深扎下了中华优秀文化的根。唯有如此，这些孩子才能成为兴国强国的栋梁之材。

【再读之悟】 >>>

陶老师引导我们学习习近平主席提出的参与全球治理的内容，并告诉我们：参与全球治理需要一大批熟悉党和国家方针政策、了解我国国情、具有全球视野、熟练运用外语、通晓国际规则、精通国际谈判的专业人才。陶老师心系国家，心系学生。她是希望我们能够响应祖国的号召，努力学习，不断地锤炼自己，成为国家需要的人才，承担我们这一代人兴国强国的历史担当。

我相信，我们就是人才中的人才。我们定会饱蘸中国底色，开阔视野，放大格局，努力向上，不负时代。

余果

在上海虹桥机场

2017 年 1 月 12 日

 【妙如随记】 >>>

因为机票原因，一部分孩子从长沙直飞洛杉矶，我和部分孩子需在上海转机。早早地到了虹桥机场，离登机还有近四个小时，很多孩子去吃午餐，我在登机口守行李。久盛也和同学们一道去吃东西。过了一段时间，久盛一个人回来了，坐在我旁边。

久盛问："老师，等会儿飞机上有没有吃的呀？"

我说："国际航班每隔一会儿就会送吃的。"

久盛便说："那我不在这里吃了。"

我问："怎么了？"

久盛说："太贵了，一碗面条要 58 块钱。"

我看着他，很是诧异，更是欣赏。富而不奢，又富又贵也。

下午四点，我们登机了。

我们登上了东方航空去美国洛杉矶的飞机，到那里去进行我们每个孩子必修的课程——体验式微留学。时间不长，1 月 12 日至 2 月 14 日，情人节那天回来。

说实话，如果只是去随便看看，现在有很多网络视频，不用出国门。

如果只是去随便逛逛，网上商城很方便，不用离家门。

但是，百闻不如一见。异国的山是不同的，水也一定有不同。

我们的美国之旅今日正式开启。

可爱的孩子们，我们每天都会有不同的体验，将那些所见、所闻、所想分享出来吧！既为自己描绘出生活的浪漫，又能给家人、朋友一些谈资，更重要的是通过记录，我们可以比较看出，生活后面不同的文化究竟不同在哪里，思考它们对我们的生活有何影响。

每个人都是作家，只要你用心书写。

每个人都是中美文化交流的天使，只要你用心交流。

我们每天写一点，世界的精彩就在我们的笔端延展，教育就在我们的字里行间生长。

看到什么，想写什么，就写什么，越详细越好。

【再读之悟】 >>>

陶老师记录下久盛不在机场吃面这件小事情，其实就是赞美久盛该花的钱就花，能不花的钱，即使有钱也不花。当时，我们并不觉得这个小事有多重要，到了美国，到了购物商场，我们很多同学的钱不够花了的时候，我才发现，陶老师的教育是多么的前瞻，又是多么的无形。今天读来恍然大悟，出门理财真的是必备的生活常识，不禁兴起：

青衣飘起，两袖迎风。君子如他，沉默不语，一言一行皆入眼。

桃花杨柳，潺流婉转。弯身拂水，依旧无话，心柔泛起粉涟漪。

留学不是旅游与购物，而是一次从身体到精神上的洗礼和淬炼。跟随陶老师，慧眼发现小事背后的文化，感受与观光购物不一样的幻丽色彩。若一叶小舟，轻轻地荡漾在异国文化的池面上，日渐吸收，日渐庞大，原来的小舟也变成一艘向未来航行的快艇，轻松自在，自由驰骋。

学者之意不在玩，而在乎中西文化之间。

余果

在云端,在洛杉矶

2017 年 1 月 13 日

 【妙如随记】 >>>

从上海起飞,横跨太平洋,飞行一万多千米,平安抵达天使之城——洛杉矶。

在云端

静静凝视太平洋,轻盈闲适在云端,临窗俯瞰云中影,洋云都在同一面,花儿朵朵暗流涌,难不成皆是因缘?

赏着,赏着,云朵缤纷的色彩,变化不定却又似未变的形态,让人不觉忆起来时的"浪花"……

打开电影,看了《妇女参政论者》。很多男人不希望妇女参政,但也有支持的。很多女人想改变些什么,却也有不少静观、反对的。

看完,又望向窗外,后面却多了五彩的云。我知道,那是我们来的方向。

朝前看,是暮色,朦朦胧胧。

又看了《冰川时代5:星际碰撞》。

再看外面,黑黑的;看看前后,静静的。东西方都在"调息",都在"静养"。

又点了《星际穿越》。

看看前面,看看后面,看看左边,看看右边,鼾声一片。

不禁深深叹曰:切莫温驯地步入良夜。

出关

出关是一个一个人独立检查的。因为过道不准站人，K和梅领着先过去的人到下面一层去了。我便留在了上面出关处，等候剩下的几个人。突然，一个安检员走过来，对我说，我们有孩子没有海关登记卡，要我过去。我随之走进安检区，看见初一孩子睿快要哭了，说："陶老师，我听不懂他们说什么，我把资料全给了他们，他们不让我过。"我说："别急，他们要那张在飞机上填的海关登记卡。"她说她没有填。于是我问他们要了一张表，帮她填了表。睿刚搞好，闫又过来，说她也听不懂，不知道他们要什么。我一看，也是卡没填，便又帮她填了。

有些事情，该在什么时候做好，就必须在什么时候做好。

初视洛杉矶

简单，质朴，静美，却又热烈，洛杉矶用最为盛大的仪式欢迎了我们——一场五年难得一见的大雨。

我拍了一张一边下雨一边出太阳的图景，这太阳确实是"打西边出来的"。

坐在汽车上，看到高压线上的球，有孩子因好奇而发问。导游说他也不知道，听别人讲，是提醒直升飞机的。

看到道路有八车道，而右边第一条车道根本没车，左边第一条车道也没什么车，而中间六条车道却有很多车，我禁不住问司机师傅。师傅回答说，右边第一条车道是紧急停车道，所以没车。左边第一条车道是快车道，但只准车中有两个人以上的车跑，所以车少。

Los Angeles在西班牙语里，意思是"天使之城"。它是美国第二大的城市，因受气候影响，这里很少下雨，每年的降雨量只有三百多毫米，相当于香港有时候一个早上的降雨量。

晚上，我们住在乡村酒店。这里有泳池，几个娃兴奋极了。

刚才和K看了一圈寝室，很多孩子已经进入梦乡。

【学生日记】

※小现

我与同学还有老师们来到了洛杉矶。凑巧的是我们在洛杉矶遇到了此地五年难见一次的大雨。因为洛杉矶本就少雨,所以大多数建筑都缺少遮雨棚。第一次接触洛杉矶这个城市,我感觉到了城市中浓浓的礼让气氛。这一点从交通上就足以体现出——永远都是车让人,而不是人让车。

※敬崇

今天来到了一个陌生的城市,本以为会很轻松的,但刚刚下飞机在机场买东西就遇见了困难。我原本以为买个热狗很简单,但是,他们说了一堆我完全不懂的话,还带一些口音,真是出来了才知道书读得太少了。

时差还没有调整过来,在这边凌晨2点多就醒来,再也睡不着了,希望明天还能够保持良好的精神状态。

※余果

从飞机上下来后,来到了机场。洛杉矶的机场可谓是出乎我的意料。我仔细留意了机场的设备,刚进去就看到了一排悬挂在半空中的"电视",再往周围一看就看到了两台饮水机、三台电话机。这些都是基础设施,但是我发现了一个写了 AED 的牌子。我看了一下英文简介,这个装置的名称叫 Automated external defibrillator。我觉得这是心脏起搏器,但是不管如何翻译,这个设备是服务人的。

※久盛

刚来美国第一天,大家都很想休息,也许是长时间的旅程累了吧。

来到酒店后,我惊喜地发现这里有个奢华的泳池。也许是天气太冷的原因,许多人都劝我们不要游泳了。无奈我们心痒,换上泳衣泳裤,便去了。

一开始,我们都在热汤里泡着,无数泡泡冒出来,形成一幅壮美的景观。不久我们便觉得无聊,于是余果勇敢地提议我们去深水池(水温低于8摄氏度)。

我们进了深水池,一股滔天寒意袭来,我们冷得在水中大跺脚。我无数次想上岸,但又觉得前功不能尽弃,便咬着牙,一边在水中活动,一边抵抗寒意。不久，便感觉好了许多。我和余果在水中大战 300 回合，比赛蛙泳、自由泳，玩得不亦乐乎。

有时，咬着牙、拼着命都不能放弃，成功只有咫尺之遥，坚持就是胜利。

【再读之悟】 >>>

雨一直在下，雨中的我们，傻傻地大笑了起来。随着老师的视线，我们的视线也开阔起来。

再读日记，我知道了，到了一个地方，我们应该看些什么，怎么看——从外形，从表面，从细节，去看，去问，去思考。

余果

2017 年 1 月 14 日

在环球影城

📝 【妙如随记】 >>>

环球影城，是测试身体素质、心理素质、交往素质的好地方。

这个时代，是一个奋斗的时代，也将会是一个充满温情的会生活的时代。时间是财富，创想是财富，设计是财富，怎样给人们提供玩的场地，创造财富？

环球影城无疑给我们提供了一个可供参考的模式。

我一边观察学生，一边玩。走到一个咖啡厅前，发现我们一部分孩子已经坐在那儿闲聊了。看样子还不是一小会儿。我问他们怎么这么快呢。边问边拍下了一组照片。

他们对着我笑，憨憨的，惬意的，却也是诡秘的。

我笑问："你们是走 VIP 通道吗？怎么不把我们也捎上呢？"

他们笑，说怕我批评。

别怕，会享受，也是一门学问。能享受就享受，没必要都像苦行僧一样。体验的方式很多，坐车，用脚走，我们都领略了相同的景观，可能只是角度不一样而已。

在集合时，发现有人不守时。那么多人等几个人，不想当面说什么，便写下了下面的小故事：

一位明星，很大很大的明星，拍片从没迟到过。有人问他为什么这么守时。他回答，他的时间很珍贵，别人的时间同样珍贵。若真把自己当个大牌不尊重别人，不守时，说不定哪天，就连守时都没机会了。

在游玩车上，我坐在车的后面，几个孩子在拍风景，我在拍他们。
天祺买了个《最好的老师》工艺品送给我。我会朝着最好的老师方向发展，不辜负孩子们的信任。

雨后的影城，确实是洁净的。尽管游玩的人很多，依然是恬静的。希望大家边看边与之前参观过的地方做一个对比，看看它们之间的相同点或差异在什么地方，引发了你怎样的思考，或者说，给了你什么启发。

孩子们，这两天玩，日记想写多少就写多少，只是保持一种习惯。不要强迫自己一定要写很多。但要记得给家里报平安。晚安！

【学生日记】 >>>

※敬崇

今天到了洛杉矶的环球影城，发现美国电影行业有很多值得中国学习的地方。那里也唤醒了我的童真。这一天下来非常累，但更多的是欢乐，每一个项目都非常好玩。这种活动也非常有意义，在国外英语自然也会提升一点。其实我觉得在国外英语提升不提升并不重要，重要的是培养团队的感情和经验。英语的学习只是顺便吧，也主要看自己想不想，不能指望老师。这种想法虽然不大靠谱，可是我是这么认为的！

> **妙如回复**
>
> 看待事情，不顾此失彼，不僵化地、机械地看问题，不非左即右，能把握内在本质或根本，在团队中心静气地做自己喜欢做的事情，这很好呀。
>
> 老师教出来的学生，敬畏老师，但不盲从老师、不依赖老师，继而超越老师，这才是我们教育希望的最佳效果。怎么会不靠谱呢？
>
> 语言反映文化，但语言本身就是一门工具。若工具用熟了，用到了极致，也可能成为一门绝技。

※久盛

今天去了环球影城。我记忆最深刻的是下午的集合。本来我和老师约好在入口见，结果我没发现老师，老师也没发现我。更不幸的是，我们都因为找对方而错过了彼此。幸好余果后面给我打了电话，我也成功地找到了大部队。一看时间，4∶58，离约定的时间还差两分钟。

看来什么时候都要保持良好的沟通，也要及时跟上大部队，免得错过了许多事情。

※小现

我觉得美国的环球影城有点小，有些项目只是利用一些视野盲区来做一些缓慢的上下坡运动。

曾到过新加坡的环球影城，相比之下就要大得多。它的布局不像美国的环球影城那样每一个区都是分开独立的。相反，它的布局是娱乐区域绕着休息中心一圈，往往是从一个区域出来，休息休息，正对面就是另外一个区域，非常人性化。

不过，美国对残疾人士的照顾是比较人性化的，很多地方都有便利的残疾人专用通道。一开始是机场的过关（有专人负责推轮椅），到今天便利的排队通道和厕所（残疾人通道和厕所全有较矮的扶手）。可以说，尊重每一个人自由生活的权利，这一点美国是做得很好的。

> **妙如回复**
>
> 有观察，有思考，有比较，有观点。很好。
>
> 一个人的积累是怎么丰厚的，是通过不断地阅读——读人，读书，读世界。一个人的思想是怎么逐渐深刻起来的，创意怎么来的，是通过不断地观察、比较、发现、模仿、重组。
>
> 我非常看重比较这一方法。
>
> 在商业领域里有一个"比较优势贸易理论"，它是大卫·李嘉图在其代表作《政治经济学及赋税原理》中提出来的。国际贸易的基础是生产技术的相对差别（而非绝对差别），以及由此产生的相对成本的差别。每个国家都应根据"两利相权取其重，两弊相权取其轻"的原则，集中生产并出口其具有"比较优势"的产品，进口其具有"比较劣势"的产品。
>
> 在学习、游历过程中，我们也应有一个"比较优势获取理论"。成长的速度与质量是由你获取资源时所采用的求知心态、观察习惯、思维方式来决定的。每一个人在欣赏事物时，采用的方法不尽相同。在不同的地方、不同的时间，我们可根据"两优相权取其重，两劣相权取其轻"的思路来比较，选择最好的方法。
>
> 我欣赏发现。能发现是眼光，发现的是规律。

※思航

看了在美国同学们的日记，我也对国外生活心生向往。同学们有着丰富有趣的假期生活，而我只是在家干坐着，这让我有些嫉妒啊。所以我也得好好抓紧时间，在家丰富自己的知识，不落后于其他同学。加油！

昨晚到手的全英文的曼昆的《经济学原理·微观经济学分册》，今天便翻开看了看。看了第一页，只有一句话："To Catherine, Nicholas, and Peter, my other contributions to the next generation." 这句话的意思是"致我的三个孩子，这是我对下一代人的贡献"（个人理解）。看了这一句话，感觉心中有一些莫名的感动。看看下面的内容，是对作者曼昆的介绍。我细细地看着，不懂的词都"揪"出来查字典，总算对作者有了一个基本的了解。这还只是最开始，漫长的经济学道路还等着我去探索。加油！

【再读之悟】 >>>

才女林徽因说过，每个人的人生都是在旅程，只是所走的路径不同，所选择的方向不同，所付出的情感不同，而所发生的故事亦不同。漫步环球影城，体验与思考共存。步行，车行……不同的方式看到了不同的风景。我们所倾诉的情感也略有差异。古亦有云："横看成岭侧成峰，远近高低各不同。"

余果

2017 年 1 月 15 日

 在海滩，在"加大"，在"天堂"

【妙如随记】 >>>

在路上

9 点出发，车在路上被警察拦下，理由是违章行驶。

这条路不准商业车行驶。

停车等待，收下罚单前行。

我问："罚多少就要交多少吗？"

导游说："不，不是他说了算，他只告诉我们违反了哪一条，然后由法院裁决。该不该罚，罚多少，都由法院定。"

梅问："为什么路上这么多车，但看不到豪车？"

导游说："在美国，车越好越麻烦。譬如，刚才两辆车违规，只能拦下一辆，就拦高档一点的。"

我想，未必普遍这样，但也可能是原因之一。

在海滩

我们几个在海滩上玩。余果，文鼎，雅文，依，茗轩，伊静，加上我，后来加上久盛。

我问雅文："怎么不去购物呢？"

她说："购物到处都可以，来到太平洋海边真的不是件容易的事，所以我还是来玩一玩。"

到了沙滩，我们脱了鞋袜，在海边追浪，几个男孩子，为我们照相。

余果，真的很有管理者风采，走一段又看一看谁掉队了，留下来帮忙……

有人说，在美国，如果看到两个人，一个老板，一个打工的，若有一件事只需要一个人做的时候，那做事的人十有八九是老板。

在海滩，看到几对年轻的外国夫妇，鼓励自己不到6岁的孩子往浪中跑。浪来了就迎，浪退了还追……

这与另一些大人浪来了就退，浪退了就追，构成了一幅很有诗意的画面。不禁想起徐志摩的几句诗，便改了一改：

你们相遇在这惬意的海边，

你有你的，

他有他的方向。

你看见也好，

你忘掉也好，

这一刹那间，

都成了我相机的焦点。

在加州大学洛杉矶分校

听导游说了清华大学与加州大学洛杉矶分校的渊源。

我看到孩子们陆陆续续去向导游问这问那，一问接一问。

看完加州大学洛杉矶分校，文钦久久地站在校门口回头凝望，并对我说，这所学校很好，感觉很特别。

心有向往，别有力量。

在博物馆，在"天堂"

很久之前，读过阿根廷作家博尔赫斯写的《天赋之诗》，诗中有一句话："我心里一直都在暗暗设想，天堂应该是图书馆的模样。"

而我说，博物馆就是天堂。

通往"天堂"的路有两条，一条是电车道，一条是人行、汽车合道。电车要等,等的时间估计慢跑可以到博物馆。我说,我走路。余果、久盛、文钦等十多个孩子便和我一道走路。导游也跟着我们,边走边介绍。

到了盖蒂博物馆,看到了建筑群。

盖蒂博物馆的基础材料是意大利石头。路、围墙、墙壁,全是……

这个盖蒂中心是洛杉矶一个重要的标志性人文景点,包括一座非常现代化的美术博物馆、一个艺术研究中心和一个漂亮的花园。它是由世界一流建筑师理查德·迈尔设计的。整体感觉线条简洁,色调明快。

在室外,我感觉建筑物有如从地面自然地"生长"出来。站在室内,我发现自然的采光、室内天井与室外花园浑然一体,给人一种视觉上的开阔感,可谓是集细腻与粗糙的和谐美感于一体。

"博物馆有启迪文明的功效,这项任务也可以透过建筑物传达。"这是迈尔说的。他的理念是将独特的个人风格与古典的材料相结合,来进行建筑语言的表达。

保罗·盖蒂做石油生意出身,是美国石油大王。二十几岁就成了百万富翁。他有收集艺术品的雅好,这样又培养了自己出类拔萃的文艺鉴赏能力。马里布太平洋海岸公路边山上的馆址,是他在一九六八年选定的。

盖蒂看过很多有关艺术和艺术历史的书,也参观过许多博物馆和艺廊。他总认为这些还不够好,内心感觉还应有更高档次的博物馆。他不断地向那些在艺术、教育等各方面,都足以成为权威教师的人请教,更坚定了自己内心的高标。在收集艺术品方面的知识和经验日渐增多之后,盖蒂决定专心收集对他最有吸引力的五类艺术品。

被誉为洛杉矶艺术地标的盖蒂中心,绝对值得用眼、用心去体会欣赏!

参观盖蒂中心不需花一分钱是真的。

博物馆不属于任何人,它属于全世界。我们在进来之前已心在其中,我们在离去之后仍沉浸其间。

美国立法初的故事

欣赏了盖蒂博物馆，我脑中突然蹦出一个问题：美国为什么会发展这样迅速？

又突然想起美国最初立法时的故事：

当时，一群国家元老们在讨论宪法，因为宪法触及很多权贵的利益，立法进展缓慢。这时，一位80多岁的老者，站起来说："这个法案影响了我们在座的大多数人的利益，毫无疑问也影响到我，且有很大的损失。但我不能不说，这个法案是为了保护更多人的利益，我们没有理由为了保护个人的财产利益，而阻止这个法案的通过。我表态：我同意！"在他的倡议下，立法通过了。

美国能有今天的繁荣，离不开美国的开创者们那无私的奉献。

这就是美国文化，确定优秀的制度，一代一代都传承，都遵守。

每一个伟大的国家，都会有一批一批为国家奉献着的先行者。

中国有着悠久的历史，比美国要早几千年。

每一个阶段都有非常好的制度！

我们现在提倡优秀的家族文化。家国家国，怎样建家，怎样强国？

在传承的基础上创新，才会强大。

很多东西都在变，但优秀的文化可永生。

今天一天，文鼎都在帮我提手提包，谢谢文鼎。

我应该买一个背包了，可是，那些包太贵了！

很多孩子有花钱的快感，不知他们是否懂得父母赚钱的辛苦。也有人说，就是要让孩子会花钱，他才会知道要赚很多钱，才有钱花。也有人说，会赚钱的，赚钱不辛苦；不会赚钱的，辛苦也不赚钱。

赚钱和读书一样。会读书的不一定辛苦；不会读的，辛苦也不一定很好。但初期不管是读书还是赚钱，都是要入门的。也就是初期一定是付出了的。只是看谁更早找到更好的方法。

时间变化万千。

有的一天，转瞬即逝；有的一天，度日如年。有的人很忙，身心都累；有的人身忙心闲；有的人身闲心忙；有的人忙着，却惬意着……

【学生日记】 >>>

※久盛

今天去了许多地方，但是最让我兴奋的是，上午去的 Santa Monica 海滩。有些人选择了购物，而我则在沙滩上懒洋洋地晒太阳。洛杉矶的日光很温和，我身上暖暖和和的。我还看了一些鸽子和游鸭，由此可见美国环境保护确实很好。

哈哈哈，强忍自己的购物欲望，到了俄勒冈州（免税州）再买！

> 妙如回复
>
> 能抑制住自己的购物欲望，这可不是一般的能力。我是没钱，而你是有钱不买。

※敬崇

今天上午分了两批。有一批去了沙滩，有一批去购物了。我去购物了，但什么东西都没买。上午还去了一趟加州大学洛杉矶分校，到那儿的图书馆参观了一下。虽然没有想象中那么美好，但还是挺不错的。下午去了盖蒂博物馆。我不懂得欣赏艺术，不过还是知道那些都是艺术品。晚上终于又见到了中国菜，但不是中国的做法，我有点不太喜欢吃，只有心领了好意。希望明天更好一些。

> 妙如回复
>
> 快速适应的方式，其实很简单——让自己饿了，什么都好吃。有个皇帝说，最好吃的是"饥饿"。敬崇，你也试试。呵呵，还是不试吧。饿着了，我又会担心的，嘿嘿。

※小现

我们需要学会体验不同文化的内涵，了解文化背后的历史。

※余果

今天气温特别高,阳光普照,适合出行。于是我们来到了海滩。走在通往码头的木地板上,看到四周有很多人在路边表演节目。有演说,有画画,有弹唱。我认为这种文化特别好,因为时不时就会有观众参与。他们将美国的文化以大众化的形式展现给每一位观众,不管是本国的还是外国的。

与同学们和陶老师拍了很多照,很开心。我认为最好的纪念品莫过于一张完美的照片了,它能记录这一切。

> **妙如回复**
> 是呀,一张照片,加上一段文字,若干年后,那真是一段珍贵的回忆。

※嘉骏

在博物馆里,我有幸看到了梵·高的作品。纵使我是一个不懂艺术的人,也能够感受到他画里隐藏的东西。在加州大学洛杉矶分校里,我们观赏了一场橄榄球赛的一部分,参观了图书馆。这里的图书馆让我感到十分惊奇。在中国,我去过很多的图书馆,都是非常安静的。走进其中,也会不由自主地放轻自己的一切动作与压低声音,这是一种氛围。在这里,明明一楼有些嘈杂(因为连接了许多地方),但只要你上了楼梯之后就会变得安静,仿佛有种神奇的魔力将声音阻截在外。这让我不得不感叹。

> **妙如回复**
> 这是源于对知识的尊重,对文化的敬畏。这种氛围只要想营造,就可以营造出来。不受外界影响,我心宁静。

※思航

今天看了曼昆《经济学原理·微观经济学分册》的第一章——经济学的十个原理。我细细看了第一条原理。书上说,经济学就像一个家庭。我思考,为什么说经济学像一个家庭呢?这未免也太奇怪了。然后我往下看,书上说一个家庭会面临许多选择,并且有许多资源分配的问题存在。例如谁挣钱,谁花钱,谁能决定看什么电视节目,谁又需要洗衣做饭……这些资源与工作的分配是一大难题。一个社会也如同一个家庭一样,面临许多抉择。有许多资源需要分配,如工作、薪水、房屋。所以才需要经济学去管理这些资源。经济学与我们的生活息息相关,等着我们去探索发现。

> **妙如回复**
> 生活蕴含着哲学,哲学是生活的浓缩。学思结合,很棒。

【再读之悟】 >>>

只要你用心去发现,每个微笑都是美,每处风景都是美。人间即天堂,我们则是带来温暖的天使。

余果

博物馆,是记录人类历史,给后代学习的地方。有专家指出,在六岁之前被父母带去过博物馆的小孩,会比那些没去过博物馆的小孩长大后去博物馆的频率高。并且他们会有着比同龄人更加稳重但又充满好奇心的性格。这些都表明了博物馆对于人类的重要意义。它是我们对于过去的铭记,是往昔曾存于世的印记。艺术、文学、科技、历史融为一体,成了现在的世界。老师满含真情、充满哲思的记录,我们领悟了多少呢?

伊静

———————————————————————— 2017 年 1 月 16 日

 我是中国人，我代表着中国

【妙如随记】 >>>

在车上

清晨，车刚开出不久。

有学生问："若钱放在了床上，忘记带出来了，会怎样？"

导游答："会被当作小费拿走。"

学生问："若钱很多呢？"

导游答："自己赶快拿回来呀。"

学生问："可以通知服务员吗？"

导游答："不可以，通知了就有被拿走的危险。"

学生感叹："哦，这样呀，那所有的同学都得养成贵重物品随身携带的习惯啊。"

于是，车调头，去酒店拿钱。

在天文台

格里菲斯，以地产发家，将三千多公顷地捐给了洛杉矶，建了一个公园。他在他国旅游时看到了一个天文台，感觉很好，便又捐资在公园里修建了天文台。他离开这个世界十六年后，天文台才竣工。

昨天的盖蒂博物馆，今天的格里菲斯天文台，都是民间捐赠。有美国人曾统计，身家过亿的美国人，很多在生前就选择将财产捐给政府，而不是直接留给子孙。

这与中国流传的"儿孙比我强,留钱做什么。儿孙比我弱,留钱做什么"何其相似,可又超出了这种境界,不直接留给子孙,却捐给了社会,有利于更多的人。

将钱捐赠到为社会服务、为文化服务的地方,这是一种更高境界的人生价值。这传递给后代的是不朽的精神。

子孙看到络绎不绝的不同年龄、不同种族的参观瞻仰的人们时,那是一种留给他们物质财富所无法比拟的自豪与骄傲!他们会情不自禁地高呼:壮哉,父辈,祖先。从此,更加努力,更加智慧,更加温情地为这个世界奉献自己的一切。

万里长城今犹在。中国更是给这个世界留下了数不尽的珍贵的遗产。

参观天文台,因为地方不大,我又可以像昨天看博物馆一样投入。

我们观看了这里用收集到的人世间的精美饰品组合而成的"银河",大约有十米长;发现所有展示品的造型都脱胎于宇宙各类星球。人类是自然的宠儿,受宠而不骄傲,就会惬意而自由。

天文台有三个"球",还有一个"球"没看。我们看了一下时间,还有一个有时间看,但找不到进那个"球"的入口。这时文鼎回来说,要先出去,从外面另外一个入口进。

登上去,那才是真的瞭望台,全洛杉矶尽收眼底。刚才看的两个"球",都是室内观星球,这个"球"是用来室外观天象的。

提前几分钟到了集合点,看到娃娃们那可爱的自然情态,迅速拍下了那些瞬间。

在午餐时

午餐时,司机师傅说想和我们聊一聊。

他说:"我和导游都是中国人,真的希望中国真正强大起来。几十年前,中国人来美国,美国人笑中国人,主要是笑我们穷;现在,国家强大了,可是,美国人还是笑我们中国人,笑我们中国人素质低。就拿今天早晨出发前一幕来说吧。我们上车的同时,还有我们中国的一个团也准备出发。一个老师拿着一个标价一百多美金的皮鞋盒，在离垃圾桶不到两米的地方随手扔了。我对他说，你和我年龄相仿，应该接受的教育差不多吧，知道"五讲四美"吗？这时一个黑人服务员走过来，两手一摊，对着我表示出鄙夷之色，然后弯腰捡起来，丢进了垃圾桶。我当时脸上真的火辣辣的。"

导游在旁说："我又不能去捡，因为他们会认为是我们团队的人扔的。"

司机师傅说："跟你说，是希望你能把这些写下来，传递给来美国的中国同胞们。让他们知道有钱并不等于有素养。看中国人是不是真的爱国，把他放到外国就知道了。"

聆听完他的嘱托。在路旁，我写下了他上面的述说。

每一个中国人，都是中国的名片。无论你走到哪里，你姓什么、叫什么，外国人未必知道，但他们知道，你是中国人。

素养、修养、涵养不是给别人看的，也是装不出来的，而是需要每时每刻的修炼。

君子终日乾乾，夕惕若厉，无咎。

不管是白天，还是夜晚；不管是群体，还是独自一人，我们都应该严格规范自己的言行！

从每一个细节开始，由内往外修炼自己！

有从国外回来的人说，当你融入了别的国家的时候，强调自己是哪个国家的人就那么重要吗？

我说，强调自己是中国人，是希望将中国的优秀分享给世界！

在星光大道的情景，孩子们自己去写吧。

今天行程结束时，司机师傅说，我们这个团不错，孩子们挺准时的。

【学生日记】 >>>

※敬崇

今天上午去了天文台，了解了一些简单的天文知识。最吸引我的还是那个好莱坞的标志,我做梦都想看到的标志,就和迪士尼的城堡一样。中午又是一顿中餐,导游和老师都很照顾我们。下午先去了星光大道,有很多人穿着动漫的衣服拍照,还有很多明星的手脚印。接着又去了奥特莱斯买东西,我买了很多,今天非常开心。明天就要去波特兰了,希望能和寄宿家庭和睦生活,也希望我的英语能有所提升。

※文鼎

导游问我们,许多的美国产品都是"中国制造"是好事还是坏事?我们的说法都不同。当时我就在想:难道中国人就只配给美国人打工吗?看来中国还有很长的路要走,我也要加油,为中华之崛起而读书!

※小现

我看了老师的日记,不得不承认确实有一部分中国人缺少素质。虽然这一部分人占出国旅游的中国人的比例很小,但是在老外眼中这部分人无一例外全是中国的名片,而这些人成了老外饭后的谈资。中国的国际形象因此受损。

举个例子,结合我以前在国外的所见所闻以及这几天的感受,我觉得一小部分的中国人喜欢"堵门"。可能是因为进入一个新环境后,他们还没有决定好想干的事,所以随自己的方便就在原地等待,甚至与同行好友聊起天来。相较于挡了人家行进道路的老外会主动让开并加上一句"Sorry",这就很粗鲁了。

所以说,提高我们整体国民素质的道路还很长。我们在方便自己的同时也要注意他人的感受。

妙如回复

是的,很小的一部分,影响了整体。每一个人都踏踏实实做好自己,整体素质自然就高了。

※余果

我们去了星光大道,看到了很多打扮成漫画里面的英雄的人。最令我感动的是,浩涵跟我说了一句:"感觉在余果身边好有安全感。"我听到这句话时顿时愣住了,我一直都在默默地做着一些习以为常的事,从来没想过这会令人有安全感,也从来没有想过会被别人这么依靠。

之后在奥特莱斯,我买到了很多我想要的。我发现我有个很严重的问题——知识面太窄了。就比如,我不知道在外国刷卡还要付百分之一的税。可能别人会认为,这有什么大不了的,但我就是觉得别人知道的知识我不知道,就是我的知识不够。而且,我发现自己与他们的共同语言渐渐变少,不只是因为我不玩游戏使得我和他们没有共同语言,更主要的原因是知识的积累上的不同。

※卓

今天开会,我很有感触。在来美国的这几天,我们这个团有几个同学没有遵守规则。有些外国人看到了也只是在车上摇摇头,没有说什么其他的话。而我觉得我自己吧,在有些方面还可以,比如我在一些场合会提醒别人要小声点,自己也会做到这一点,但是有时候我自己也做得不好,比如我就说过脏话。或许是因为没人提醒吧,所以自己不会注意到,以后自己要注意。要克制住自己的不良行为。

※久盛

今天陶老师特意把我们召集起来,开了个短会。她从导游的嘱托入手,讲了素质问题。

"几十年前,中国人来美国,美国人笑中国人,主要是笑我们穷;现在,国家强大了,可是,美国人还是笑我们中国人,笑我们来的中国人素质低。""每一个中国人,都是中国的名片,无论你走到哪里,你不仅仅是一个人,你不仅仅代表自己,你是中国人,你代表着中国!"陶老师的话,引人反思。

【再读之悟】 >>>

唐代吕岩《忆江南》:"学道客,修养莫迟迟,光景斯须如梦里。"

修养是每个人内心本质的外在体现,不是刻意地去装,而是自主的、无意识的细小行为。美国人对中国人的看法的转变,是值得我们去深思的。我们的素质,能不能够配得上强大的祖国,能不能够维护住祖国的荣誉,这是我们作为中国人要思考的问题。

陶老师的文章让我们从细小的事情里,看到了现象,也看到了未来的方向。

余果

学习每天都在进行,不一定是要坐在教室才是学习,而应该是到哪儿都能学。去天文馆时,我们学习天文常识;去博物馆时,我们学习历史,提高审美;去逛街时,我们学习常用英语,还得学习怎么砍价。只要你有心,什么时候都能学,在哪儿都能学。就像陶老师,每天一样的看,一样的逛,却能看出文化,却能逛出精神。

伊静

到波特兰，初到寄宿家庭

———— 2017 年 1 月 17 日

【妙如随记】 >>>

在车上

导游告知，今天星期一，马丁·路德·金纪念日，全美政府、学校、银行放假。每年一月的第三个星期的星期一，不管这一天是几号，都一样。

导游简单地介绍了黑人、白人、华人在美国的情况……

登机前去看了南加州大学。

到波特兰

真的很幸运，刚下飞机，就看到了热情的黄老师——邀请方乔治福克斯大学的代表。

坐上车，听黄老师说，波特兰幸逢三十年来难得一见的大雪。

在洛杉矶遇到五年未有的大雨，在波特兰遇到三十年未有的大雪……

这也许就是天意吧！

这将预示着十年、二十年之后这些经历过的孩子们可能创造奇迹。

懂得努力，懂得感恩，就一定能！

雪中接人

雪花飘舞的晚上，积雪尺厚，在公路旁那么一块小平地上，几十辆车，上百个人等在那里，已经一个多小时。我们到达的时间比预估时间迟了一个多小时。

因为积雪，路上不断地出状况。

每一个家庭分几个孩子，有的一个，有的两个，有的三个，有的四个不等。有的寄宿家庭全家来接，有的只来了寄宿家庭的爸妈。有的写着欢迎牌，有的相拥着上车，就像久别的亲人归来！

懿轩和承熹两名同学因寄宿家庭的爸妈未回，黄老师送他们今晚暂住酒店。

初到寄宿家庭

接待我们的是社区大学教化学的老师 Jan Canmack。

家中十七岁的孩子 Meghan Canmack 见到我们很高兴。当谈及文化时，她很欣喜地向我们介绍了她写的诗：

Love and Loss

by Meghan Canmack

love,

caring, comforting,

happy, hopeful, harmless,

stunning, surprising, surrounding, suffocating,

hurtful, hardened, hated,

careless, crying,

loss.

十七岁的孩子，写出这样富有思想的诗文，是值得我们研究的。

【学生日记】 >>>

※敬崇

今天又去了一个大学，也是到处拍照。下午去波特兰，要去寄宿家庭住。到了波特兰，看见很多雪。陶老师说我们是幸运的，洛杉矶难得一见的大雨和波特兰难得一见的大雪都被我们遇见了。寄宿家庭也终于见到了，感觉很好，还有两个大学霸同住一家，真好。寄宿家庭对我们很好，我很喜欢，希望能更好，生活更幸福。

※小现

经过两个多小时的飞行，今天我们从洛杉矶到达波特兰。出机场，一股寒风向我袭来，好在我提前预备了棉衣。当地停放的车的车顶上全是比砖头还厚的雪。在我们搭乘大巴前往寄宿家庭的路上，我们看见许多因路上积雪而打滑，一头撞向路旁栏杆的汽车。所以我们乘大巴的时间比我们飞行的时间还久一些，可能也有路程本来就遥远的原因。

我与其他 5 名同学被分配至一个寄宿家庭。实际上，我很容易就与寄宿家庭成员交谈起来，并熟络起来。从男主人口中得知这是波特兰近几年最冷的一天，恰巧被我们撞上了，到底是幸运还是不幸呢？

从天而降的雪花搭配路上雪白的积雪，完美地映衬着寒冷的气温，所以我们早早地进入了梦乡，明天应该依旧如此。

※晓华

昨天是马丁·路德·金纪念日。美国所有学校放假一天。Redford 学区用这一天做了 PD（professional development：每学期都会有两至三次这样的集中培训）。上午去了教堂，与大家共进早餐。大家用演讲、讲故事、唱诗的形式来纪念和传播爱与自由的精神。没有华丽的舞台，没有喧闹的音乐。一切都在安静、祥和与简单中有序进行。大家都用心去做，去体会。

下午是一堂精彩的讲座——"讨论在课堂教学中的应用"。演讲者年青帅气，用马丁·路德·金的名言开场，厚重大气，引人深思。他与听众就讨论的重要性及方式、方法、准备等内容进行互动。他提倡 TSSST（教师—学生—学生—学生—教师）的互动形式，而不是传统的 TSTST（教师—学生—教师—学生—教师）的互动形式。一天满满的收获，分享给大家。愿我们与马丁·路德·金的勇敢、智慧与爱同在！

2017年1月18日

波特兰寄宿家庭第一天

【妙如随记】>>>

在相同的环境，不同的人也会有不同的体验。

不同的人在不同的家庭，会有更多不同的内心反应。

但从孩子们所传递的信息里，分明传递出一个共同的心声：寄宿家庭的爸妈好。

我、K、梅在一块儿。我提议她们两位英语老师将寄宿家庭麦艮的诗翻译成中文。她们两个翻译得都很有诗意。

其中梅是这样翻译的：

爱来，爱去

作者：麦艮

爱来，

体贴，令人舒适，

幸福，充满希望，远离伤害，

美好，令人惊喜，萦绕左右，令人窒息，

伤害，无动于衷，让人憎恨，

忽视，伤心欲绝，

爱去。

下午5点后，我们到户外散了下步。雨雪中虽有点寒意，但还是感觉到了这种田园牧歌式的生活环境对人身心健康的益处。

走着，走着，忽然想起之前说过的，到乡下买一块地，或者一座山，盖几栋平房，建一所私塾，把世界上每一个国家都做一个房间式的微型博物馆，和一些兴趣爱好相同的朋友们一道，教教书，写写字，说说故事，侃一侃世界，何其惬意……

【学生日记】>>>

※久盛

今天晚餐吃的是意大利面。佐料是番茄肉酱、蔬菜配沙拉酱。

开始我并不知道蔬菜是鱼腥草，于是我夹了一大碗蔬菜及海量意大利面，并淋上了厚厚的肉酱和沙拉酱。

出人意料的是，两种酱都很酸，蔬菜有腥味，不是很合我的胃口。但我已经夹到盘子里了，我也只能"含着泪"吃完。吃完了，还很有成就感。

总之，一切都不要浪费。在夹取食物前最好先尝尝味道，决定自己吃多少，以免浪费。

※敬崇

今天早上得知不要上课感觉很兴奋，然后就堆了个雪人，打了下台球。一天特别乱，但也学了英语。真心觉得生活很有趣，每一天都充满神秘感，感觉每天都有不同的事可以做。同学们都很懂礼貌，也生活得很快乐。

※余果

差不多和寄宿家庭玩熟了，和他们一起出去购物，学会了试衣间的单词叫Fitting room，一起享用了早中晚餐，中间还有自己动手的过程，特别开心。还有，我今天再一次了解了美国篮球文化，女子篮球很是普及，例如，我所住的寄宿家庭的女儿就在上篮球课。

感谢雅文，她发现了我有时开不起玩笑的问题。虽然我妈很早就提醒我了，但我并没在意，现在我该反省了。虽然我做不到完美，但我要接近完美。

※小现

今天果真如我昨天所料，倾盆而下的暴雨致使我们无法出门，所以说第一天取消了去学校的活动。午饭过后，雨稍微小了一点，寄宿家庭领我们去市场购买日用品和本地的零食。零食与中国的完全不是一个味儿。我还发现商场里有冷冻熟食，也许当地人可以拆封直接享用，但我可经受不住。

这里的商场很人性化。我付钱时，他要找零给我硬币，本以为是商场员工从柜员机里拿出硬币，没想到旁边一个机器里弹出些许硬币。我数出硬币刚好是找给我的零钱。

※茗轩

洛杉矶有很多中国人，也有很多美国人会汉语。当然，天天和最熟悉的老师同学们在一起，丝毫没有"独在异乡为异客"的感觉。

虽然料到了我们的学校在一个乡村一样的地方，但是却没有料到生活比我们想象中过得有滋有味。当然，除了难以见到我亲爱的爸妈……不过我们遇见的老奶奶老爷爷相当和蔼可亲，也舍得给我们买吃的，相当开心啊！他们给我们的东西也尽量多样化，还是蛮赞的。

———————————————————————————— 2017 年 1 月 19 日

 # Newberg High School 学习第一天

📝 【妙如随记】 >>>

今天是尝试性进班学习,几个同学一组被美国同学领进不同的教室。

所谓尝试性,就是先去看一看、听一听,找找感觉。

孩子们进了教室,我们三位老师一道看了看孩子们所到之处。教室是分区的。看了两个区后,我和珂来到了图书馆,她去看书,我坐下来,记下刚才的一些片段。

学校项目主任来了我们的集合室,校长助理做了具体安排,发放了作息时间表。同时给我们发了中国年庆祝活动的邀请函。

校方讲了规矩:不能出校门,不能抽烟,上课不能玩手机,需要查字典需要征得同意后方可。

在这之前,我们在美的接待老师黄老师和我交流了前两个晚上学生在寄宿家庭的情况。第一晚,住酒店的两个孩子因抽烟被罚款 200 美金,并被退房。

黄老师特别提出了值得注意的事情。并说,以后每天都有情况反馈,都有情况小结。

情况来源一方面由寄宿家庭负责同学汇报,另一方面由寄宿家庭反映给黄老师,黄老师提供给我们。

黄老师说,在这里,孩子们若犯了错误,不管是寄宿家庭,还是学校,都不会直接和学生说什么,一定是通过第三方来处理事情。

自律是成长的第一要素。

孩子们,障碍是一定有的。

相信你们。

看不懂,就查字典。听不懂,就记下来,晚上消化。或者录下来,晚上再整理笔记。

孩子们,我们是不可能被打倒的,只要我们不想被打倒!

【学生日记】>>>

※余果

在外国女同学的带领下,我们小组参观了体育馆。刚开始我和另外两名女生就在旁边坐着,看他们做运动。外国学生做了很久的准备活动,接着他们就开始打排球。我和依有想要参与进去的想法,我就去与外国学生沟通,最终我们与他们一起打排球。特别开心,发自内心的开心。我也发现他们是真正地在"玩球",他们是真正地在享受打球,享受练习。

接着是另外一名美国同学带队,他叫Dallas,以前住在美国南部。他现在17岁了,将要考大学了,并且他是学生会主席,待人非常好,有超强的领导力和吸引力,是想要成为优秀领导者的我的目标(目标又多了一个啊!)。我先是与他一起上统计学,虽然有很多地方听不懂,但是整堂课我都在认真听,做了很多笔记,真的很愉快。

下午是自习课,我与Dallas聊了一节课的天,讲到了乐器,讲到了同学,讲到了课程,讲了很多。他还为我介绍了所有同学,我将他们的名字写在了纸上。令我吃惊的是,今晚七点将会有摔跤比赛。特别期待!

很感动,我能得到老师和父母的支持来到美国,让我去完善自己,直到现在,仍兴奋不已!

※文钦

第一天在这陌生的地方上学，我的感受蛮多。美国强调创新、自由的学习理念和方式是值得我们去学习的。我们会好好地学习，学习他们国家的教育、他们的文化。吸收中西方教育的长处是我们成为优秀人才所必备的能力。

> 妙如回复
>
> 这几天和在美国生活了很多年的中国人聊天时，听到这样几个数字，美国高中毕业率，黑人70%左右，白人85%左右，华裔99%左右。
>
> 在中国，在你懂事之前，都有人陪着你，鼓励你，协助你读书。

> JuJu回复
>
> 所以对于我这种不够聪明但能从小树立目标的人来说，我非常感激自己出生在中国，被父母和老师们"逼迫"成人成才。

※久盛

今天，是我们来Newberg High School的第一天。我们遇见了我们的队长。和我一起的有Nick。

上午，第一节课讲的是墨西哥革命。

下午，我们在体育馆疯玩了两节体育课。我们和美国学生打了篮球，我还陪他们打了羽毛球。我们难分胜负。

※小现

今天我与其他两名同学组成一组在当地的高中参与课程。学校每天总共有三节课，但每节课时长都超过一小时，我表示无法理解。我随机上了一节带娱乐性质的课程——美术课。我本以为美术课也是画画，了解画家，没想到是学习如何用字母艺术字。

午餐是汉堡和披萨。我发现这里只要是牛奶都好喝，都是甘甜的味道。

※依

今天上了体育课、数学课、合唱课。体育课让我感受到了中外文化的区别。

他们上课进行了排球训练。他们练习的时候,我和余果也加入了其中。第一次融入国外的集体感觉很开心。然后上数学课。数学课学的知识很简单,是我们很早之前就学了的,我做完题就和带领我们的美国学生聊了起来。虽然沟通很有障碍,但是还是了解了许多。再之后是合唱课,外国学生的合唱让我们相当震惊。之后回到家,美国妈妈给我们做了鸡肉和饼,我们自己动手"组装"自己的晚餐,很是享受。晚饭后美国妈妈去开会了,我邀请美国的妹妹一起玩,我们打了一场桌球。身为新手的我输给了美国的妹妹。虽然输了,但是第一次和她愉快地玩耍了很久,这让我们都很开心。期待新的一天,期待更多快乐的事情。

※雅文

陌生的环境陌生的人,但我们还是要继续生活。刚来到这个学校的确有太多的不适应,交流起来也会有困难,但来到这里的确是一个自我锻炼的好机会,也让我深刻体会到了出国留学并不是想象中那么简单。我们这次来不只是为了玩,更重要的是为了之后的出国留学做准备。在接下来的半个月里,我们要不知道就问,不懂就学,一起加油,一起进步。

———— 2017 年 1 月 20 日

 Newberg High School 学习第二天

📝【妙如随记】>>>

今天有欢迎早餐，我们在集合室就餐。食物很丰盛，气氛很温馨……之后，学生被重新分组，进入教室学习。

做有思想的交流。

做有内容的交流。

而这需要掌握大量的单词，每天阅读一篇新闻，读几页纯英文书，单词就会反复出现，我们的语言也会更加熟练。

这是成长的极好机会，把握住，你会有更深的体会。

下午进了经济学课的教室，看到了下面五张纸上的内容：

1. close reading

use these steps when reading to interact with the text in a meaningful way.

—number the paragraphs.

—underline main ideas.

〇：circle unknown vocab.

＊：important point.

？：confusing.

！：strong reaction.

—：disagree.

+：agree.

2. emerging

work is far below expectations.

—no clear analysis, inaccurate.

—no specific details.

—missing supporting examples.

—completely off track, incomplete.

3. near proficient

work is below expectations.

—analysis is lacking.

—few specific details.

—examples are unclear.

—close, but requires editing.

4. proficient

work meets expectations.

—objective analysis.

—some specific details.

—examples provide evidence.

—good, but not great.

5. mastery

work exceeds expectations.

—accurate analysis.

—full of specific details.

—examples provide evidence.

—thorough and thoughtful.

这五张纸上的内容，其实就是告诉孩子们怎样阅读，阅读的几种境界或者说阅读标准。

因为学生有违纪现象，出校门，不进教室。为了加强沟通，我将www.miaoru.com网站推荐给了马克教授和校方。为了方便交流，部分学生后来在网站用了英文留言。

【学生日记】 >>>

※茗轩

来这里第一天的时候，因为没有进对组，所以荒废了一节课。不过从音乐课可以看出他们气氛相当活跃，有纪律地与老师逗乐。我还是看不懂五线谱。

第二节课换到伊静她们组，找了好久才找到她们。老师讲得一塌糊涂，但是还好通过视频学到了一些东西。

就这样，看视频结束后就到了午餐时间。但是突然被老师分到了他们学生会主席那里。我虽然有些郁闷、不安和奇怪，但是迷迷糊糊地还是跟着走了。下一节是数学课，老师竟然还会点中文，并且去过长沙。不过还是因为不感兴趣又荒废了一节课。后面则是自习课，写了好久的东西。

今天早上打扫了摔跤馆，还算是好好锻炼了吧！接着自习到了下午，和余果完成了一个活动。

※伊静

一切只要认真，没有什么困难的。昨天萨拉告诉我今天会有数学课，我的心一下子落入了低谷。我的数学不好，这谁都知道，所以我很担心今天的课听不听得懂。但是今天早上上数学课时，我发现我竟然听懂了！老师讲的方法也很快运用了起来，这让我很惊喜！只要我跟着学，没有什么不行的。

※余果

早上见到同学特别开心，在异国也能见到同班同学是多么开心。第一节课我在 Dallas 的带领下，和茗轩，以及两名女生打扫摔跤场。

这些都很平常，让我觉得感触最大的是最后一节课。那是属于自由活动的一节课，美国学生分组去组织活动。我是在 Dallas 那一组的，他们想出了一个方案，于是他们希望我和茗轩帮忙。我们将方案写好后，来到了体育馆，拿了一个健身用的板凳，在那里拍视频。我觉得这里真的非常创新，非常注重团队合作。

我发现自己最近的音乐境界有些提高了，我能听音乐"构造"画面了，而且非常清晰，到最后都有些忘我了，于是我赶快拿出吉他去弹奏。

※敬崇

今天感觉神清气爽，跟外国学生交流也多了几分积极和热情。这里的有些课非常无聊，但是我能够适应。我喜欢美国食物和中国食物，但是不喜欢美国的中国食物。下午我在办公室看她们帮助老师，我问她们这是不是杂务，她们说不是的。我很高兴学生能这样想，能够主动帮助老师。下课后我们自己坐巴士回家，一开始怎么找都没找到车,但是我们等了一会儿终于看见了那期待已久的"22",好开心。晚上特别累,寄宿家庭邀请我去听音乐会和去看摔跤比赛都没去。希望早点睡着。生活如此多娇。

※久盛

今天的课中规中矩,但让我印象深刻的是今天的 AP English Class。

我第一次上这种较难的高级课程。我们学的是归纳推理和演绎推理的区别。它们的实质是一般与个案之间的转换。我们还做了一套阅读题,感觉比做过的学术雅思阅读题要难很多。因为在此阅读题中,大部分答案都要自己归纳,还考了特别难的修辞手法。我通过一些阅读小技巧,总算做出了一些。感觉自己正在不断进步。

最近食量越来越大,可能是锻炼的原因吧!

※小现

我今天上午上了黏土课。虽然说是黏土课,但是我觉得把黏土变来变去与玩地上的泥巴差不多,而且黏土需要有规律地加水,这很烦。我玩了一个多小时。旁边有许多本土的学生一样在玩,只不过他们的作品经过加热等环节早就成了带有艺术性的成品,每件作品都各有特色,非常吸引眼球。

这正是我需要学习的地方。我做事只知道一味模仿别人,我要改掉这个毛病。同时,我也要有耐心。

 **Newberg High School 学习第三天**　　2017年1月21日

【妙如随记】 >>>

孩子们适应生活的能力很强，适应学习的能力层次不一。

久盛说，他听的逻辑课，听懂了。

余果说，能听懂很多，还有个别没明白，做了笔记，还需要晚上复习，巩固。

岳东说，他很投入地参与，很认真地问和说。

还有个别说，完全听不懂。

黄老师说，有的留学生来一年都未必能完全听懂，还只有两天，只要用心融进去，就会一天比一天好。反之，不主动融入，你永远进不了这个大门。

有原则地主动融入才是上策。

我和几名学生一道进了教室。

他们每一个教室都张贴着一张提醒语。内容是提醒人们要理解自己作为公民的权利和义务。积极参与公共事务，承担社会责任。

为什么他们每一个教室都贴这样一张提醒语，这值得我们思考。

教育不仅仅是学习知识，还要引导学生养成一种社会的责任感、担当感。

我们要思考我们的权利、义务是什么？我能为国家和社会做什么？我能做出什么？我现在在做什么？我今天为大家做了怎样的服务？

孩子们，此时，有原则地主动融入，就是最好的服务！

今天清早，收到马克的短信，昨晚熊在寄宿家庭抽烟了。我打电话让文钦处理此事。文钦告知，他带着熊向寄宿家庭的爸妈道歉了，将烟都交了。

晚上又收到马克转来的寄宿家庭的短信，他们希望能够调查到烟是从哪儿来的。因为美国法律规定，18岁以下是买不到烟的。而那些烟显然是美国本土烟。我询问后回答，他们在中国城买的。

解决问题要从源上、从根上去分析，去解决。这与我的习惯是相符合的。

【学生日记】>>>

※久盛

今天是我们 NHS 和外校的篮球比赛，比赛很精彩。更令人兴奋的是一次精彩的扣篮。只见那个黑人小伙飞起一般，一个猛扣，篮筐仿佛都在震动。全场都在为他喝彩。

Laurie 告诉我身高一米八，再多加训练，应该可以扣篮。多想那个神采飘飘的人是我啊！

※敬崇

早上很尴尬，错过了巴士，然后就随便打了车，到校后交流得知这是非常不安全的。以后还是要早一点起床。明天不上课。希望能好好休息一下，享受生活。

※茗轩

总有一种坚持适合你自己，关键在于你对其信仰有多大。有些时候也可以由此衍生出很多东西。如坚持做学习者，则会让你拥有一堆要做的事和追求；想要拥有稳定美好的生活，就必须变得强大，好好工作，稳扎稳打。如果坚持是为了某个目标的话，那么就要为达到目标做更多的事……

※依

有原则地主动融入才是上策。今天早上上了健康课、自习课、体育课。上健康课的时候，和 K 借了教材一起看，然后 K 教我认单词。之后的自习课，我主动和一个美国同学聊天，教她说中文，和她聊了很多，还加了她的 Facebook，以后有事可以请教她。

※伊静

今天是中国小年，妈妈说我要时刻记得中国习俗。我和秋君就与 Ocey 商量着去买包饺子的东西。东西买回来了，但吃了语言上的亏，我们买错了面粉！结果做出来的饺子很难吃。但一家人并没有怪罪我们俩，却是感谢我们。我很惊讶！就连我们都吃不下的难吃饺子居然会让他们感谢我们！忽然就明白了爸爸说要感恩的意义，世界上的所有东西都是值得感恩的。

※雅文

已经是上学的第三天了，也适应了这里的生活。早上起床稍微晚了点，结果就错过了学校的巴士，让老师和寄宿家庭担心了。带我们上课的那个小姐姐也一直在等着我们，让我感到十分抱歉。

2017年1月22日

 **简约又静美的告别会**

📝 【妙如随记】 >>>

今天，和Jane去参加了她的朋友——一位百岁老人的葬礼。这也是我第一次参加美国人的葬礼。

很特别。

简约而静美

客人们送的礼别具一格——一张卡片，上面写了与逝者之间记忆最深的一个故事，然后落款。我问，要不要送花。Jane要我在她的卡片上签上我的名字，说就送这个。

一进教堂，就收到一张精美的对折卡片。上面是逝者的照片和简介。

然后就是逝者的子女站在过道两旁迎接来宾，互相问候。Jane非常客气地向每一位家属介绍了我，他们都十分有礼地握手，问好。他们差不多都说了一句相同的话——感谢您的到来。

在转弯过道，一长条都是陈列逝者生前的照片和最喜爱的物品。

进到大厅，Jane向所有和她打招呼以及她主动打招呼的人介绍了我。他们一样握手，问候，也说了另一句相同的话。

进了教堂，里面已经坐了一些人，凡打招呼的，Jane都介绍了我。

教堂里一位白发苍苍的老大姐，在忘情地弹奏赞美诗。

下午两点整，教堂里坐满了虔诚的人，葬礼开始。一位老者只说了一句话：

"葬礼开始，请……"

然后是逝者的大儿子说话。

他大概向大家介绍了他妈妈去世的时间。

接着是一位极具高雅气质的女性上台，她向大家微笑着点一下头，然后坐至钢琴前，边弹边领唱。

大家都跟着唱。

深情而悠长

然后就是逝者的女儿回忆与母亲的快乐时光。所有点点滴滴，都是和母亲温馨甜蜜的故事。

之后，是逝者的孙子上台，用吉他、用歌声传达对祖母的爱，深沉地追念过往。

这之后，是儿子开始回忆母亲幽默、风趣、爱美、慈爱的种种小故事，逗得在场的人时而笑出声来。儿子却是含着泪在笑。

之后，钢琴声再次响起。全场灯关了，投影里出现了逝者的照片，从很小的时候起，一直到停止呼吸、飘飘进入仙界的照片。

许多人都在用纸巾拭泪。

之后，是另一位孙子上台讲述他眼中的祖母。他媳妇也一起上台讲述，多次哽咽，但都流畅地回忆了诸多故事。

接着，就是来宾讲述。

有80多岁拄着拐杖的老人，还有带着氧气管的老人，也有年轻的男女；有亲属，也有学生。节奏慢，但流畅；有冷场，但更多是在回忆。

她的友善，她的慈颜，她的雅容都在朋友们的描绘中形象起来。

最后，又是起立，静默，唱诗。

这次唱诗又是第一次领唱的那位领唱。

我被那由丹田之气酝酿出的婉转，由那心神一体合奏出的呼唤所感染，完全沉浸其中。左前方的一位客人两手随着歌声高低起伏而优美地升，舒缓地降……

这是一场简约而奢华的葬礼，是一次静美而高贵的送行。

仙逝者微笑着飘飘而去，将一切美好留给了人间……

我对Jane说，她的朋友就是我的朋友，能随她去参加这场葬礼，是上苍给我的机缘！

一切都是一个字——缘！

惜缘在当下！

晚上，在梅、珂珂、麦艮、星娇的协助下，我做了晚饭。麦艮说，谁是主厨，谁就坐主席位置，于是我坐在了主席位置。本来想要推辞一下，一想，这也是一种尊重！

【学生日记】 >>>

※文鼎

今天是周六，早上和寄宿家庭去喂马，非常有趣，还拍了许多马的照片和视频。下午去购物。周六就是好！

※敬崇

不用上学很爽，明天上午开始翻译日记，这对我来说是一个大工程，我不希望我半途而废，我也相信我能坚持。

※余果

和寄宿家庭的关系越来越好了，这很欣慰，我很开心今天能和美国的爸爸玩得那么开心，希望以后能够更加互相关照。

※小现

我们六人与寄宿家庭外出。经过一个多小时的车程，我们来到奥特莱斯。天下着丝丝小雨，淋在走道上，显得些许阴冷。随随便便买了一点衣服，晚上七点我们就出发回小镇了。

在美国寄宿家庭的第一个星期六就这样过去了。我觉得在中国的周末与这里的周末有很大的不同。因为在中国，周末是自己出去玩，顶多吃饭与家人在一起。而在这里，一家人会一起出去游玩。

※伊静

今天去了教堂。在我的印象里，教堂应该是安静庄重的，礼拜时都是严肃的。但我进去的时候，看到台上的各种乐器，不知道是做礼拜，我都以为要开演唱会了！我想起，就连我自己都知道传统需要随时代而做出改变，别人怎么会不知道呢？这场礼拜气氛轻松，同时又不会显得散漫，我很敬佩能够将做礼拜变得如此有趣的人。

【再读之悟】 >>>

参加葬礼本是一件看似晦气和充满悲痛的事情。但在陶先生的笔下却充满着温暖和美好。若仙逝者有灵，也一定愿意看到如此温暖的场景，也希望家人不要太过挂念。这样美好的场景也是对死亡的一种敬畏。人们也应该安静地接受一切，去淡然地接受以后的生活。葬礼就应该这样简单、静美。

慕尧

———— 2017年1月24日

 # 迎新年晚会

📝 【妙如随记】 >>>

今天是星期一，学校负责我们的Janoy，给孩子们系统讲了规章制度，并安排了中文课。老师分组带学生进普通话授课室，了解这里是怎么学习中文的，并帮助这里的学生学习中文。

因为重新规定，每上完一节课，孩子们要到E101集合，所以我只能坐在这里，而这里没有图书馆"有温度"。

有人说，Newberg是雨城，90%的时间都在下雨，可是，我们在乔治福克斯大学、拿三十万奖学金读书的同升湖实验学校的校友欧茜如同学说："老师，你们真的运气好好。天气太好了，阳光灿烂，一派明媚。"

我坐在这里，看了余果自学微观经济学的笔记，摘录了几条。

第三节课，我们去中文课堂，由我们的学生帮助他们学习中文。

他们是怎样学中文的呢？我们观看了一会儿，便设计了一个情景引导他

们学中文。那些孩子非常投入，学习得也很快。语言在语境中学习要快捷得多。

晚上，Newberg High School 为我们中国的学生准备了迎新年晚会。

在盛大的晚会上，我们赠送了礼物——一幅"道法自然"的书法作品与我和张修明先生主编、我们同升湖实验学校国际部全体老师参与编辑的《最美易经》和《最美论语》。

久盛、余果、小现、嘉骏做了翻译。当说到"有朋自远方来，不亦乐乎"时，珂珂做了翻译。Newberg High School 的负责我们的副校长 Janoy 非常高兴，双手举起作品，站到了椅子上。

表演节目了。
首先是深圳学校的节目。
他们准备充分，很有中国风味。节目有快板、京剧、诗歌朗诵、舞蹈等等。
接着是我们同升湖实验学校上场。
久盛用全英文主持，很有气场。
第一个节目是珂珂和梅表演的诗朗诵：《爱来，爱去》。这是献给寄宿家庭的歌。英文是我们寄宿家庭的小姑娘麦艮写的。
第二个节目是余果的吉他弹奏。
第三个是街舞……
最后是集体舞，同升湖实验学校的老师、学生全体上场，并邀请了 Newberg High School 的学生一道跳舞。
感恩遇见！
感恩所有！
祝所有朋友一切如愿！

晚上回到寄宿家庭，我把我们两位老师表演麦艮的诗朗诵视频播放给了 Jane。她很是欣喜。
麦艮回来后，她又要麦艮来看。

【学生日记】 >>>

※余果

在这边也生活了一个星期,首先要先感谢家长和老师的支持。我在这儿认识了很多有能力的人,结识了很多强大的人。我感觉到,自己的心胸更宽了,知识更广了,眼界更开了,越来越强了。

相遇便是缘分,知识便是力量。有力量才能保护他人。

※敬崇

今天又是很平凡的一天,感觉很好,晚上我们有人要表演节目,表示非常地期待。今天有一位外国老先生教了我一套打招呼的手势,我很喜欢,我们以后打招呼也会用,非常酷也很好玩。

※久盛

习惯,正是我今天日记想提及的。而在我身边,就有这样的榜样——余果。

如果只从平时的生活作息来看,我也算健康的。但一到周末我便有些放松,平时的锻炼、按时入睡等好习惯便坚持不下来了。而余果——我所敬佩的人,却无论工作日还是周末,无论刮风还是下雨,雷打不动地6点钟准时起床。因此,他有了比别人更充裕的时间,而且做事有条不紊,逐渐与别人拉开差距。正如我父亲常说的:好命运,不如好习惯。好习惯对人的塑造是一生的。现在及时学习余果的好习惯,还为时不晚。

※小现

在这次表演的尾声,我们所有人一同上台蹦跳起来,就在那时我感受到了最浓厚的庆祝气氛。

虽然今年过年不在家与亲戚朋友共同度过,但是我们在隔着一个大洋的美国领略着不同的文化。我知道了当所有人素质都达到一定境界时,整个社会将会充满礼让之风。我要先把自己的素质提升起来。

※嘉骏

晚上联欢晚会，在陶妈讲话的时候，久盛、余果、小现和我当同声翻译。由于我的底子不是很好，所以基本上就是沉默。

【再读之悟】 >>>

我们会聚一堂，不同的人种同样的心跳，为今晚而跳动，为彼此举杯。光影交错下，舞动的精灵与跳动的音符交错，荧光与丽声化成一道耀人的风景。

文化不同的我们遇见了彼此，相遇，相识，相熟，但最后又要相离。融洽舒适的氛围令我们神往，别后的回忆又使我们流连忘返。回忆在心底默默地酝酿，醇厚而单纯，芬芳而诱人。记录让很多东西恒久。

余果

─────────────────────────────── 2017 年 1 月 25 日

 学会敬畏

【妙如随记】 >>>

今天带几个孩子在乔治福克斯大学图书馆封闭学习,原因是有人违反了在读学校的校规——一个女孩跑出校门喝酒。在陪她接受外方情况调查时,那孩子说在家里从小就喝酒。学校不让她进校园了,说她是非常危险的人物。女孩的寄宿家庭也不让她住了,说会带坏他家的孩子。女孩哭了。

怎么办呢?

最后,我们老师的寄宿家庭提出愿意接受她住一晚试一试,但要老师陪着女孩的一切活动。即孩子不能单独行动,包括睡觉。

另外,两个男孩跟随女孩喝酒,也一道被学校拒之门外。通过协商,我们借了乔治福克斯大学图书馆作为隔离点,由老师轮流陪着。昨天梅陪了一天,今天我来陪。

我首先上预备课,强调守规则的重要性。

接着就是布置任务——两千字游记。因为两个孩子之前没有接受过 55 班写日记的系统训练,所以我又讲了游记怎么写。我希望他们写得越详细越好。

每 80 分钟 500 字,可以连续写,但不能复制。

中间可以休息 10 分钟。

因为知道自己确实错了,他们态度很好。一张桌子,几个人,都没说话,埋头写作。

看了一个孩子写的东西。具体内容如下：

一开始学校组织来美国，我就是因为觉得美国很自由才来的。但是，理想很丰满，现实很骨感。我来了美国才发现原来美国这么严厉。

他们自制力很强。在美国的课堂上，所有学生都有手机，但都放在桌上不会去碰。

没有18岁不能抽烟。

没有21岁不能喝酒。

带队老师一再强调不要喝酒，说这是违法的。我还是不听，所以在第一周的星期五跟两个同学去喝了。

我自己的冲动导致了一系列的后果，给老师带来了很多麻烦，但是老师不计前嫌，原谅了我们，给我们讲道理，还让我跟他们住在一起。

这几天我在"劳动改造"——洗碗、收拾东西。虽然以前没做过，很累也很脏，但是我觉得就应该尝试很多没有做过的事情。

这趟来美国让我知道了国内和国外的区别。

虽然国外课程很松，课外活动也很丰富，但是我发现美国的学生在课后参加了舞蹈、摔跤等培训之后，就会回到家写作业。他们不会在没完成作业之前玩游戏，很自觉。

住在寄宿家庭的时候，那个妹妹从下午放学到家一直写作业到晚上九点，然后就直接睡觉了。其实国外的学习没我们想象的轻松。

来美国的这几天，我学到了待人要友善，要有礼貌，应该更有自制力，还要学会感恩。

由此，想到了一些……

学会敬畏！

敬畏规则！

我们要熟悉中国优秀的传统文化，例如《易经》。

《易经》蒙卦中早就有一套系统的教育方法：

1. 用刑罚的案例教导，哪些不能做要明确。

2. 用美好的案例熏陶，哪些能做要引导。

【学生日记】 >>>

※小现

第一节课所有人都来 E101 完成学校布置的 PPT。PPT 要求我们描述上周学校里的活动和与寄宿家庭在一起时去哪里玩了。因为每天都有日记,做起来就很简单了。

※文鼎

今天上了课,依旧是那个和蔼可亲的老师。每次他在课上总会和我们中国学生有互动。他让我和奥东去介绍我们的学校和长沙市(百度图片加讲解)。结果我发现自己英语也不差,都讲出来了。我喜欢那个老师!

※茗轩

看到了几个小现象:

我们的家庭所有人出去都不锁门。

偏僻点的地方,是没有红绿灯的。但是十字路口红绿灯很多。有4条车道,每条车道每辆车都按顺序行驶,没有人违纪过一次……

※奥东

现实中的美国与心中的美国还是有差别的,寄宿家庭也是,但是我知道,不是让世界适应我,而是要让自己去适应世界。我感觉我做到了,离成功又近了。感谢祖国,感谢家人,感谢寄宿家庭,感谢老师,感谢同学,感谢世界!

※卓

其实我感觉来到美国后,我自己还是改变了很多,比如更加注重文明礼仪,更加注重个人素质。美国家庭其实是很尊重我们的,但是我感觉自己有很多地方做得不对。吃饭的时候没有太注意到一些事情。在离开餐桌的时候没有提前跟他们说。和外国父母交流不多。没有很好地整理自己的东西。

分享在寄宿家庭的精彩

2017年1月26日

【妙如随记】 >>>

今天，美国是星期三。按照他们的规定，今天可以晚一小时上课。

第一节是自习课，孩子们分享了在寄宿家庭的趣事。

概括起来，就是两个词：关心与尊重。

很多同学谈到，这次来，收获了想收获的东西，也看到了意外的东西。

具体内容，看孩子们的日记吧。

日记有英文版，马克教授反馈说很好。

【学生日记】 >>>

※小现

不经意之间，我们来到 Newberg 已经有一周了。今天是周三，回忆起上周三我们第一次踏进这所学校，不由得感叹时光飞逝之快。同样地，我们与寄宿家庭也相处了这么久。寄宿家庭的爸爸妈妈对所有人都很关爱。他们有两个孩子，女孩子上小学了，她的弟弟不到半岁。小女孩很关心她的弟弟。坐车时，婴儿被安全座椅固定在后座正中央，小女孩则坐在旁边的后座上，隔一会儿看一下她的弟弟，生怕有什么闪失。寄宿家庭的爸爸妈妈也很在意我们，第一次为我们做晚饭时准备了许多不同种类的饮料。在我们第一次晚饭过后，他们询问我们喜欢喝哪种。我们说可乐和7喜，下次他们准备的就基本是同类型的饮料了。

虽然寄宿家庭很少在话语中提及关心，但是他们的行为让我体会到他们关心着自己身边的每一个人，也使我们感受到了温暖。

※卓

在寄宿家庭里，他们特别尊重我们。不管我们做什么事，他们都会以微笑面对。而且在许多方面他们都会考虑我们的感受，而我感觉有些人需要在这个方面去改变一下。比如不要大声喧哗；要考虑别人的感受，融入当地的环境之中。

※嘉骏

中美两国的文化差异是有目共睹的，但是对自由的界定却有相似之处。正如陶老师在我们第一次班会里说的一样。中国文化讲求"没有规矩，不成方圆"，而美国主张的也是规则下的自由——你可以做自己想做的事，但前提是必须遵守规则，做规则允许的事。能够获得自由的前提是守规则。

※文钦

我们的家庭很温馨。一对很恩爱的老夫妇对我们就像是对待他们自己的儿女一样。我们要求的或者是我们喜欢的，他们都会微笑着满足我们。我们也给他们做了中国菜——蛋炒饭，还有麻婆豆腐。虽然做得不怎么好，但是他们说好吃。每次与他们交流中国那些好玩有趣的事情，他们也会分享美国的好玩的事情。他们爱旅行。

———— 2017年1月27日

 **大年三十话积累**

📝 【妙如随记】 >>>

过年，话一点别样的话题。

如果心界不打开，即使走遍世界，也只是做了一回邮差。这句话我多次重复过。

我们都说，世界那么大，我想去看看。

是呀，读万卷书，行万里路，不走出去，亲自看看，体验体验，谁都只是从网上看到。实景是个什么样的，没有亲自看过，是不清楚的，而只是用眼睛看，也是看不到什么的。

美国的24号，我陪几个孩子写游记。

有一个孩子写了一节课，也只写了不到200字，并说，他什么都记不清了，感觉每天都很忙，但每天都写不出什么来。

我说，你把每天老师写的、同学写的都看一下，唤醒一下记忆，然后你会发现你也经历了精彩，你也有不一样的体验。

慢慢地，几个孩子都进入了状态。

行万里路，也需要有人指路。

11点40分，我提醒孩子们准备12点去吃午餐。结果一个孩子说，只剩一点点了，让他写完这一节。

等到下午放学,这个孩子说,写着写着就停不下来了,感觉脑子里滔滔不绝地涌出东西来。就在等车的那段时间,这个孩子都在用手机在备忘录上写美国游记。

这就是积累。

煤炭是累积而成的,岩层也是累积而成的,树的年轮也是累积而成的,人的知识、学问、涵养也是累积而成的,历史是由人一代一代累积而成的。

和卓一块儿就餐时,听他聊了一些特别的感受:

其实,我这几天的感觉,有时候,脸上是火辣辣的。譬如在车上,有我们中国人大声喧哗!在公共场所,也有中国人将手机声音弄得很大,等等。每当这个时候,外国人鄙夷的神情就露出来了。

我们现在是在美国的高中,这里小学、初中、高中、大学很集中。无论你走到哪里,我们的言行都是被外国学生看在眼里的。我不知道以前有没有中国学生来过这个学校,但是我知道现在我们是来到了这个学校。我们不能随意。不要让外国人把我们中国人看低。如果举止不文明,我自己都觉得很没有脸面。然而还有个别的人不知道自己的所作所为的可耻。陶老师说,若见到违纪的同学必须制止,若制止不了要及时通知老师,不能及时通知老师也一定不能跟着犯错。

我会做好我自己!

有人说,积累的东西有用吗?

当然有用,没有积累就没有清晰的过去。

没有量的积累,就没有质的飞跃。

凡事,经历过以后,记下来,自问三个问题:

1. 为什么这么做?探究这么做的背后的原因。
2. 怎么做的?探究做的方式。
3. 还有更好的方式吗?有,提出来;若没有,思考值得借鉴的是什么。

把这三个问题植入脑中,任何一个细小的事情,你都会看得清楚,看得明白,看到实质。你会很快判断,这件事做得还是做不得。智慧就是这样积累起来的。以小见大就是这样来的。

只要是记下来的东西,都是有价值的,只是适合的人群不同,只是价值有大小而已。

每一个记下来的细节,你都从三个不同的角度去看。有时候你起先认为没有价值的事情因看的角度的不同可能会别具意义。

譬如,卓上面的感受。他写这段话的目的是什么呢?是规劝那些跨出国门、代表着自己国家身份而不注意自己言行的同胞。

看看茗轩同学的记录:
有时候一件事可以给人造成难以估量的影响。哪怕只是一句话……分量有时依然不轻。

前几天室友犯了错,家庭里的人装作没事人一样,但是一点一滴中,又透露出不满。一个举动,一通电话,一个语气的转变,一个眼神……这些其实都相当重要啊。如果抓住了这些,你会发现这背后波涛汹涌的心情。

那如何去弥补这个错误呢?实际行动是最好的办法。要承认自己的错误,改正自己的行为。

这也是一份规劝,是更为透彻的呼唤。如果我们不想结果地一味地由着性子来,不顾规则,那么,我们就会要承受代价。

尊重不仅仅是说在话里的,更要体现在细微的行动里。

而这些,如果不用心,就体会不到。而这也是历练,也是积累,也会带来质变。

有孩子和我聊中美家庭的区别,说中国父母没时间陪孩子,因为中国父母太忙于工作了。

家庭也需要积累,一代一代地积累。没有你父母这一代的打拼,你就只有父母儿时生活的条件。

世界很大,我们都需要出来看看。只是外求之时,我们务必内心通达。

广博之后需要精深，精深之中又需要广博。

探讨中国父母的养育方式从三个维度看，你会更多一些理性：

1. 想想看，中国父母大多没时间陪孩子，他们在做什么呢？
2. 他们为什么要这样做？是什么原因要这样做呢？
3. 如果不这样，现在会是怎样的状况呢？

这样思考，你积累的东西会越多，你辩证地、批判性地看待事物的能力也就越强，你写下的东西，价值也就越大。

翻开一本杂志，有一整版的海边风景。

上面有一句话：Life is an adventure.

小现翻译说：生活是一种冒险。

我笑说，生活是一次奇遇。

还有一个词：noble housing

高雅地生活着……

慢慢写，一天一点点，积累起来就是一本奇妙的生活录了。

新年之前，聊聊积累，也是一种风景！

【学生日记】 >>>

※小现

这是我第一次来美国，我以前也去过西欧的国家和新加坡，还有日本。现在回头发现这些发达国家各有各的特点。

英国为了方便市民过马路，在一条马路不同方向车道的交界处，设立了一个类似于小亭子的地方，在那里设置了交通灯，马路两旁也有交通灯。英国对名人曾经住过的建筑格外重视，政府认定的名人住所会被在外墙上刷上一个特殊标志。以后这栋建筑可以住人，但是住的人不允许更改建筑的一切。

欧洲大陆的发达国家多田野，多为两车道的小路。与英国相同的是，欧洲大陆也有本土的灰鸽子，它们不怕人。你如果捧一堆谷物靠近它们，它们会主动围上来。但你如果突然跑着接近它们，它们会受到惊吓飞走。

新加坡以教育著名，它的几所大学也是世界有名。新加坡的国旗设计充满智慧，有着民主、和平、进步、公正、平等等寓意。

我去日本时由于年龄尚小，所以记忆模糊，唯一记得的就是他们的粥挺好喝。

今天除夕，回忆以往的旅行经历，顿时感觉自己的成长足迹是多么丰富。希望来年更加努力，为自己的学业而奋斗。

【再读之悟】 >>>

再读老师之文，感觉自己又提升了。水滴穿透了磐石，看似不可能的事，却靠着坚持和积累得以做成。一件小事，做一次，很容易。而当你一直坚持，成为了一种习惯，那么这就是一件大事。如若柏拉图当时对苏格拉底的甩手小测验不屑一顾，心智不坚定，任由轻视与懒惰驱使着自己，那么今日，我们将"未闻他名"。

再说到日记。每天的积累，一是记录下今日所感，以便他日之忆；二是养成习惯，以求落笔成文。

余果

———— 2017 年 1 月 28 日

春节，孩子们在波特兰看 NBA

晚上看 NBA。

中场休息时，大屏幕上打出了我们学校的名字，伊静同学拍下了这一瞬间。

孙校长发朋友圈：

鸡年伊始，远在美国的乔治福克斯大学冬令营的长沙同升湖实验学校师生在波特兰 NBA 赛场给母校，给全球华人拜年了！

晚上，和一位来美国十多年的熟人聊天，他问我对美国的大略看法。

我说，美国从大城市到小城市都是一种生活文化。随处可见城市化的农村，农村化的城市。

我问他觉得中国与美国最大的不同在哪里。

他答，一个是自己的国家和一个是别人的国家。

张修明先生在底特律，他分享了在那边的收获。他说，行程安排特别紧，但见到了地方上有名的主教，他将《最美易经》《最美论语》送给了主教，他们一道谈《易经》，交流各自的看法。他说收获很大。从他的话语中可以感受到他那份收获的欣喜。

周围的人都在学习，未知的东西太多，新的一年，嘿嘿，加油！

【学生日记】 >>>

※余果

一场篮球比赛，出色的不仅有篮球技巧，有取景拍摄，还有运动场的布置、啦啦队，等等。看了比赛，我都有打篮球的冲动了。

但是我发现这里也有不公平的现象，我们波特兰开拓者队无论是开场的气势还是进球后的欢呼声，都超过了灰熊队。当我们罚球时，我们会安静，但他们罚球时，我们却在大屏幕上显示"make noise"，暗示我们去扰乱对方球员。当我们进球后，还会有回放，有背景音乐。

我虽然不了解美国人，但我希望他们能给自己的对手更多的尊重，他们不仅是我们的对手，更是我们的朋友。

※明涛

今天是大年初一，也是在 Newberg High School 的最后一天了。晚上我们去看了一场梦寐以求的 NBA。在校车上看到体育馆，心中就莫名地躁动起来。这是一场激动人心的比赛，开拓者队以 1 分险胜灰熊队。比赛过程中球迷们的欢呼一直不断。更开心的是，在中场休息时大屏幕上打出了长沙市同升湖实验学校的名字。学校所有师生都欢呼起来，心中感到无比的自豪。

※小现

今天随陶妈看了几个地方，说是要翻译，其实不要。陶妈的目的就是完善美国教育考察，多收集资料。每看到一个建筑，我们会彼此交流看法，并从多方面去感悟，这样使我看到更多事物背后的东西。陶老师说，我们要看他们的书上写了什么，听他们说了什么，我们更要看他们做了什么，怎么做的，为什么要这样做。

比如我们去美国航空航天博物馆。用餐过后，穿过第一扇连接博物馆和麦当劳的门时，我看见头顶板子上面的一串英文，译成中文意思是：请勿外带任何食物，请为美国的财富考虑。当时我对不能带食物入博物馆表示理解，毕竟需要保护展出物嘛。可是既然要防止食物被带进来，在博物馆内部设立餐馆不就从源头上解决问题了吗？

当时我很不理解，但是晚上我似乎明白了背后的意义：美国是一个比较人性化的国度，但它同样被限制在规则和法律之内。博物馆考虑人们的用餐问题，所以设立一个与麦当劳餐厅连接的门；也考虑到食物不能带入展馆的问题，所以才有提示牌。很有可能那一块牌子不是为美国人挂上去的，而是为来自其他国家不懂得这里的规矩的人挂上去的。

 # 美国的教师培训

———— 2017年1月29日

【妙如随记】 >>>

今天,与一位美国朋友探讨了关于美国教育的问题。

由此,我想起了之前我在《湖南教育》国际教育栏目里做的一个关于美国教师培训的专访。现在与大家分享。内容如下:

据权威数据排名,教育水平最高的应该是新加坡,但在中国人心中,美国代表着全球顶尖的教育水平,留学美国也仿佛成为中国家庭追求优质教育的必经之路;与此同时,成千上万的美国教师也进入了中国的中学和大学教书育人。既然如此,了解美国究竟是如何对教师队伍进行培训的,美国的教师培训发展现状又如何,其教育改革面临的问题又有哪些值得我们深思,就是我们需要做的事情了。本期我们对话国际教育者协会的首席顾问Lee Askin,与他一道交流关于美国教师培训及教育改革的话题。

美国教师培训怎样进行
——专访国际教育者协会首席顾问Lee Askin先生

本刊记者 陶妙如

陶妙如:Askin先生您好,作为一名国际教育专业人士,您能向我们介绍一下自己吗?

Askin：我来自美国，一直从事国际教育行业。在我的整个职业生涯中，我先后以教师和管理者的身份，完成了将近60个国家的不同项目，涉及成千上万的学生在全球的流动性项目。我先后代表美国著名的波士顿大学、康奈尔大学、双边或多边专业机构工作。目前，我是国际教育者协会的首席顾问，也有自己的专业教育机构，主要往返于中国北京和美国波士顿两地。作为一名美国教育者，我很荣幸有机会和大家分享关于教师培训的一些理解和想法。

　　陶妙如：首先是关于美国的教育改革、教师培训的质量评估体系方面的。美国的创新和成就为人类文明的发展做出了重要贡献，而任何的创新与进步背后都离不开教师的力量。在美国，是否有专门的机构调研和评估教师的质量水平，推动公共教育发展呢？

　　Askin：古往今来，每一个文明社会的发展都离不开教育改革的力量，比如中国春秋时期就有孔子开启探索教育改革的先河。在美国，由州政府和一群独立捐助组织合作建立的非营利性机构——全美教师质量委员会，是以关注和推进美国教师质量为宗旨，专门研究教师问题，致力于探讨公共教育改革的。两周前，这个机构还发布了第二份关于美国教师培训项目的评估报告 CTPR：Teacher Prep Review）。

　　陶妙如：如此重视教师的质量，想必一个成功的教师培训项目对于提升美国整体师资水平和教育水平的意义重大，那么这些培训项目的评估标准又是如何制定的？有哪些方面是与中国相似的？

　　Askin：早在2013年，全美教师质量委员会发布了第一份美国教师培训项目的评估报告。参与评估的有1130家机构和院校，囊括了美国99%的新教师群体。报告中采用的全美教师质量委员会的评估标准是经过在十个试点基地的八年研究得出的，标准的制定包含了大量的研究、国家层面的政策、专家们的一致意见以及共同核心州立标准的要求，以及其他一些为大学和职前准备的标准，还有一些常识。

　　我不能肯定美国的"常识"一词在其他国家的语言中的确切含义，但我相信美国和中国在价值观和是非观上还是有很多共同之处的。

　　陶妙如：其次是有关美国教师培训的行业现状。根据全美教师质量委员会的评估报告，美国教师培训水平的现状究竟如何？

Askin：2013年的美国教师培训项目评估报告一经发布，在整个行业甚至每个州的政治层面都引起了轩然大波。因此，2014年的评估报告修改了标准，增添了新的术语，并声称大有改进。尽管如此，该报告中仍然坚持了同样的结论：美国的教师培训行业的现状是"一个平庸的行业"，没能为美国的中小学培养出能胜任教学的高质量的教师群体。

陶妙如：通常我们认为美国教育是优秀的代名词。为何这份报告仅以"一个平庸的行业"来概括美国教师培训行业？

Askin：我相信以下两个柱状图可以解答你的疑惑。（图略）

2013年，TPR运用0~4星的标准对608所院校和教师培训机构进行了排名，0表示质量最低，4表示质量最高。两个图分别呈现了美国中学和小学教师培训项目的星级分布图。

图中，超过四分之三的教师培训项目是两星或少于两星，有14%的教师培训项目评不上星。

陶妙如：的确星级指数一般，但报告中还提到教师培训项目没能培养出胜任教学的高质量的美国教师群体，为什么会得出这样的结论呢？

Askin：让我来引用报告中的一些重要的数据告诉你：

1. 高于3星级的教师培训项目少于10%。

2. 仅25%的教师培训项目要求本科生的大学成绩为前50%。

3. 低于11%的小学教师培训课程符合共同核心州立标准。

4. 仅33%的中学教师培训课程符合共同核心州立标准。

5. 75%的小学教师培训课程不教授阅读教学方法（尽管30%的美国学校孩子们永远不会成为精通阅读的人）。

6. 仅7%的教师培训项目确保了实践教学训练是由非常有经验的老教师带领（而非志愿者）。

陶妙如：接下来是有关教师培训质量现状的思考。印象当中，美国的教师质量应当代表了世界较高的水准，但这份报告显示的数据却似乎在反驳这一观点，甚至与我们以往的认识大相径庭，对此您有什么看法呢？

Askin：其实美国传统的教师培训曾经质量非常高，但是从上世纪60年代开始，那些最优秀的学生被分流到了其他的领域，这个行业的人才便慢慢消失。而课程的软化又逐渐降低了录取的标准和获得学位的要求。到了 80 年代，任何一所学校中只有那些最弱的学生才会选择教育专业。

现在这场关于美国教师培训项目评估报告的争论不禁让我回想起了波士顿大学的校长西尔伯博士的一些观点。多年前，我曾在约翰·西尔伯先生手下工作。西尔伯博士是美国二十世纪三十年代为数不多的最杰出、直率且有争议的教育领导者之一。

教师这个职业的削弱让西尔伯博士感到非常的遗憾，他曾经预计到 2020 年时大学已经不需要开设师范院校了，因为到那个时候教师资格的标准将会被降低到足以让一个 16 岁的孩子通过。换句话说，每一个拿到了驾驶执照的 16 岁孩子可以获得两个证书：驾驶执照和教育学士学位。

而西尔伯博士曾大力倡导的美国教育改革，是需要精英的，是需要严谨优良的未来教师队伍的。

陶妙如：最后让我们来展望教育改革的未来、机遇与挑战。身处教育改革的风口浪尖，您认为美国的教师培训机构和大学还能否履行它们的使命呢？

Askin：回答这个问题有许多的方向可以延伸，我相信中国的教育工作者只要花点时间去了解目前美国在这方面的争论，就可以找到许多有用的素材。不过，我认为要带着以下一些思考去分析：当美国的教师培训出现各种问题时，成千上万的中国家庭正在为了帮孩子寻找更好的学习环境而把孩子们送去美国的中学、大学；与此同时，越来越多的美国教师正在进入中国的中学和大学教书，而美国的院校又纷纷在中国建立分校或者加入中国的合作办学项目……这些似乎有点讽刺意味。

但我个人并不会反对这些趋势，相反我认为这反映的是市场的真正需求，具有更长远的意义。我深信积极正面的成果一定能够实现。

陶妙如：您之前提到了很多有关美国教师培训与教育改革现状的问题，您认为哪些方面值得中国深思和警惕？

Askin：从远古时代开始，每一个文明社会都一直存在关于教育改革的争论，所以这也不是什么新鲜事，更不是美国独有的。在涉及教育和教育改革时，中美一直都在相互学习着彼此的经验。但我想提醒中国的教育工作者和教育合作机构，请非常慎重地对待你们面前的机遇。

陶妙如：谢谢，再次谢谢您！让我们共同来把握这些伟大的机遇。

【结束语】提高教师质量，建设一支强大的教师队伍是各国教育改革的一项核心议题。美国教师培训项目的评估报告也再次为美国社会乃至其他国家敲响了警钟。在教育资源全球化与教育产业化的时代背景下，美国的教育改革经验对正处在转型时期的中国教育具有重要的现实意义。通过强化教师职业地位、大力吸引精英人才、严格把关教师培训等一系列措施，帮助教育行业去"平庸化"，提升公共教育水平，增强国家核心竞争力，必能唱响教育强势回归的时代最强音。

感恩，是今天早晨起来想写的。能够来到这个美丽可爱的世界，感恩父母！能够来到这里，感恩所有！

在对明天的期盼中，我们失去今天。
把握好今天才是最重要的。

【学生日记】 >>>

※余果

我能来美国，全是爸妈以及老师的支持。我能来国际部，也都是爸妈的支持。我能出生在这个世界上，也是爸妈的功劳。

我现在有很多好习惯，例如适应能力强，都是爸妈慢慢培养出来的。我小时候协调能力可能不行，于是爸妈就教我跳绳，带我去游泳，这才让我有了改善，提高了身体素质。

所以，我认为世界上绝大部分的父母都是优秀的教育家。

※小现

我坐了8个小时的车到波士顿，只为明天去麻省理工和哈佛。陶妈因为头晕没有吃什么，但看大学的兴趣丝毫未减。

※久盛

美国人喜欢直接表达意见。东方人比较喜欢含蓄地表达意见。这种文化差异一定要注意了,不然很容易吃一个大亏。

妙如回复

是呀,东西方文化在表达上是有差异的,就连语言的习惯也有不同。

久盛说出这句话,其实是有故事的。

来美国前曾和久盛、余果几个孩子聊起过,有机会就一道去一下他们心仪的大学斯坦福、哈佛、耶鲁等看一看。在1月24日这天,机会来了,我接到到中部和东部一些重要的大学考察的邀请,领导说可以带两个学生,最多也只能带两个。

二十多个孩子,带谁呢?

我不会点名带谁,便将二十五个孩子召集在一块说,我受邀去考察几所学校,需要翻译,可以带两名学生做翻译,最多只能两名,出去经费要由自己出,谁愿意陪我去的,以报名先后为准。当时,我曾问余果,余果说,他想在课堂学习。问久盛,久盛说,他只有买电脑的钱。大家议论了一会儿,各自思考了一下,公开报名的是敬崇、小现。

我说,我得确认一下,明天就得购买机票,你们报了名的如果现在反悔还来得及。文鼎当着我的面笑着对敬崇说,别去,和陶老师在一块不好玩。敬崇似乎记起了什么,问什么时候走,什么时候回。我说了来回的时间后,敬崇说这中间他在加州的哥哥约好了过来,就不陪我去了。

只剩小现一个,我也觉得他会有点孤单,心想他也就别去了吧,便问,他是否确定还去。其实这笔费用是不小的。要和家长沟通一下,他们支持就去,千万别勉强。

小现说,我要有个人当翻译,他们一个都不去了不太好。

我笑问,他是不是怕我走丢。

晚上,小现和家长沟通,家长十分支持。

于是,小现和我一道到了东部。去斯坦福大学是久盛的愿望,因久盛没有随行，我们就取消了去的计划。

很多事情，有计划，但不需要刻板执行。

选择什么，也就意味着将放弃些什么。

―――――――――2017 年 1 月 31 日

 # 我所理解的哈佛与麻省理工

【妙如随记】 >>>

看学校，看图书馆，看博物馆，似乎成了我的一种习惯。

今天，到了哈佛大学与麻省理工学院。

翻阅过《哈佛凌晨四点半》，看过谢娟的采访报告，还看过一些有关哈佛的其他书，以及一些招生资料，当然也看过无数与这所学校有关联的中国人的故事……

我的目的是了解这所学校，理解这所学校，学习这所学校，为有想法、有条件的孩子能来这所学校提供一些参考建议，也做一下教育的比较研究。

我曾用"哈佛大学是全球最多亿万富豪就读的大学""它被誉为美国政府的思想库""先后诞生了八位美国总统、四十位诺贝尔奖得主""中国近代人文和自然学科的林语堂、竺可桢、梁实秋、梁思成，一个个响亮的名字，都和这所世界最著名的高等学府有关"做成 PPT，去激励过无数的孩子。

当实地了解了一点美国的基础教育之后，再亲自来哈佛、麻省理工，便似乎明白了哈佛人那么努力，麻省理工人那么专注的原因了。

几百年不变的风格，几百年不倒的房子，几百年来不变的追求……

哈佛早期的校训是"察验真理""荣耀归于基督"，以及"为基督，为教会"。

哈佛校徽主体为三本翻开的书，两本面向上，一本面向下，象征着理性与启

示之间的动力关系。哈佛的一份早期学院法例曾规定：让每一位学生都认真考虑以认识神和耶稣基督作为他人生与学习的主要目标，以基督作为一切正统知识和学习的唯一基础。所有人既看见主赐下智慧，便当认真借着祷告寻求他的智慧。

美国建国后，实现了宗教信仰自由，以后追求真理和发展科学文化教育的事业逐渐兴盛起来，哈佛大学校训最终被确定为"Amicus Plato, Amicus Aristotle, Sed Magis Amicus VERITAS"。

与智慧为伴，沿真理而行。

这句话是哈佛的校训。

当然，所有的翻译都不是这么翻译的，这是我的理解。

什么是智慧？

第一，扬善。

哈佛大学最初并不叫"哈佛大学"。哈佛大学的名称源于一位牧师。1638年，牧师约翰·哈佛病逝，他把一半的积蓄720英镑和400余册图书捐赠给这所学校。为了纪念他，就将学校改成了"哈佛学院"，后来"哈佛学院"扩建为"哈佛大学"。

第二，传承。

由此，我想起了哥伦比亚大学的"丁龙讲座"。

在《胡适口述自传》中有这样一段话：

那是美洲大陆第一个以特别基金设立的汉学讲座。丁龙原是美国卡本迪将军的一名佣人。他深得卡氏的敬重，所以卡氏乃独立捐资给"哥大"设立一席专治汉学的"丁龙讲座"。

在钱穆《国史新论》中有这样大段的文字：

丁龙乃19世纪赴美山东华工，不识一个大字的文盲。美国南北战争结束后，一位退休将军独居纽约。将军性格暴躁，好打骂人，凡用仆人，不久皆辞。丁龙也先雇后辞。丁龙辞后不久，将军家遭火，时无仆人，丁龙不请自到。将军问他何以复来，丁龙答曰："听闻将军受困厄，特来相助。因为我们中国孔子教人忠恕之道，我想我应该来。"将军大惊，以为丁龙是落魄他乡的读书人："我不知道您乃是读过书的，竟知古代圣人教训。"丁龙再答："我家积代为农，皆不识字。孔圣人的话乃历代口耳相传，是我父亲讲给我听的。"将军说："你虽不读书，你父亲却是一学者。"丁龙答："我父亲也不识字不读书，是我祖父讲给他听的。我祖父也不识字不读书，是我曾祖父讲给他听的。再上面，我也不清楚了。总之我家都是不读书的种田汉出身。"此后，主仆相处甚洽，犹如朋友。一日，丁龙得病，自知不起，嘱咐将军："我在美国只此一身，无一亲人，此前衣食之需得您照顾，十分满足度过一辈子。现我将不久于人世，所积薪水，愿还回主人。这些钱本来也是你的。"将军大为感动，思忖"中国社会怎么会出这样的人"。丁龙死后，将军将丁龙留下的历年积薪，再加上自己的一笔巨款，捐赠哥伦比亚大学，特设"丁龙讲座"，专供研习中国文化之用，一则纪念丁龙，二则光大中国文化。将军认为：遥远的中国能出此人，其文化传统必多可观，甚值研习。

这位将军对丁龙的评价是：一个与生俱来的孔子追随者，一个行动上的清教徒，一个信仰上的佛教徒，一个性格上的基督教徒。

这位将军叫作卡本迪，当时哥伦比亚大学的意见是以卡本迪的名字命名汉学讲席，但卡本迪坚持以丁龙的名字命名。接着美国的其他大学也相继创立汉学讲座和中国图书馆了。

当时哥伦比亚大学副校长保罗这样写道："Dean Lung 不是一个学者，不是一个将军，不是一个重要的人物，他仅仅是众多美国第一代华人移民中的一个，他捐出来的是钱，但更重要的是贡献了他的视野和理想。我们这个机构存在的意义就是要在当今这个充满冲突与对抗的世界里，建立一种属于我们自己的理解和对话的方式。所以我们需要重新认识并嘉奖这样一种视野，同时重新认识并嘉奖这样的个人，肯定他的贡献，让世人知道并记住 Dean Lung 的名字。"

文化传递，首先需要的是一种敏锐眼光、一种大气情怀。不管出身，不管背景，只要有价值，就推举。一善得举，百善兴起。这大概就是美国发展得如此迅速的原因之一吧。

第三，做强。

要做强，路，只有一条：坚持做。

坚持做的途径却很多。从哈佛多任校长的名言里我们可以窥测：

1. 守规则是首要的。

任何学生都不得在没有征得父母、监护人和个人导师的同意下买卖或交换超过 6 美分的物品。

——哈佛大学第一任校长伊顿

2. 对知识与真理的追求。

人类过去和现在的努力已经排除了知识路途中的许多障碍，让我们继续努力去排除剩余的障碍。

——哈佛大学第 19 任校长昆西

每个受过教育的人都应该对什么事物都懂一点，但对个别事物懂得很多。

——哈佛大学第 22 任校长洛厄尔

3. 对人的质量的要求。

大学的荣誉，不在于它的校舍和人数，而在于它一代又一代人的质量。

——哈佛大学第 23 任校长科南特

4. 对思维与创造力的要求。

人类的希望取决于那些知识先驱者的思维，他们所思考的事情可能超过一般人几年、几十年，甚至几个世纪。

——哈佛大学第 21 任校长艾略特

一个人是否具有创造力，是一流人才和三流人才的分水岭。

——哈佛大学第 24 任校长普西

看到哈佛校园的建筑，我问小现，有没有感觉到这种房子在哪里见过。

小现说，有点眼熟。

17 世纪初，首批英国移民到达北美，在那里开拓了自己的"伊甸园"——新英格兰。移民中有 100 多名清教徒，曾在牛津和剑桥大学受过古典式的高等教育，为了让他们的子孙后代在新的家园也能够受到这种教育，他们于 1636 年在马萨诸塞州的查尔斯河畔建立了美国历史上第一所学府，即今天的哈佛大学。

1636 年，马萨诸塞州海湾殖民地议会通过决议，决定仿照英国剑桥大学，筹建一所高等学府，每年拨款 400 英镑。学校初名"新学院"或"新市民学院"，成为全美第一所高等教育机构。

哈佛大学是模仿剑桥大学风格建造的,所以看过剑桥大学的人有熟悉感。我和小现都到过剑桥大学,所以有这样的感觉。

小现说,是风格相似,但格局比英国剑桥大学显得大气一些。

我说,任何一种后起的建筑,如果目的是要超越,那就一定会规避之前的不足。这样就进步了。

有人说,哈佛是没有门的。其实哈佛门很多,每个门都可进。

哈佛里面没有花园,没有亭台,没有风雨走廊,除了老房子,还是老房子……

在哈佛的图书馆里面,我也没有看到在我们中国广为传说的那20条格言。

在这里的人说,美国的大学除了南加州大学有围墙外,没有哪一所有围墙。

其实,每一所大学都有"围墙",只是"围墙"已经让你感觉不到那是"围墙"了。

一座一座的房子连起来,这座房子的大门就是围墙门。进了房子,就是校园。两座房子之间也是一扇门。

哈佛大学想要培养什么样的人呢?

哈佛大学希望培养出实干家和能做出成就的人,他们成功的事业可以大大增进公共福祉。

在剑桥城,与哈佛大学相邻的是与之齐名的麻省理工学院。

麻省理工学院的教学楼,是进入校园的入口之一,既与街道自然融为一体,又相对独立。

学院外面真看不出什么,到了里面,就别有洞天。

现在不想说麻省理工学院以世界顶尖的工程学和计算机科学而享誉世界,位列2015~2016年世界大学学术排名(ARWU)工程学世界第一、计算机科学世界第二,也不说它的诺贝尔奖获得者有多少,只想说,如果你真想做研究搞学问,到了里面你真会不想出来,这里确实是一个能让你沉迷学习与研究的地方。

【学生日记】 >>>

※小现

哈佛大学和麻省理工学院我也去参观了，我的感受是：若想要得到，先要努力。

※久盛

今天，我认识了很棒的 Nancy 等老师。因为我们班部分同学英语基础不太好，所以我还客串了翻译。我觉得这对我的听力、口语等方面有着极大的提高。

我今天还了解了美国的历史。美国在短短的两三百年历史中，出现了许多出类拔萃的人物。我感觉自己的脑瓜子又充实起来了。

【再读之悟】 >>>

心里涌出的是强烈的求知欲，以及我的名校梦。哈佛大学的发展得益于扬善与传承。而中华儿女从骨子里面就有扬善与传承这样的精神。中国人早就遍布了这个世界，这个世界上的历史，大部分有中国人涉足和参与。如今，我们国家强大，走在国际道路上，那我们就应该有着作为世界重要领导者的觉悟与信念，去保护，去建设，去发掘，去引导。

余果

2017年2月1日

我所看到的耶鲁大学

 【妙如随记】 >>>

耶鲁大学，与哈佛大学、麻省理工学院有相同的基因，也有不一样的风格。

耶鲁大学有新房子，但造得古朴。据他们介绍，每一块砖都是经过加工后变得现在这样有古典意味的。

高大的图书馆，应有尽有的学生生活楼，特别的法学院……

我们首先就看了图书馆。

耶鲁大学图书馆是美国第一、世界上规模第二的大学图书馆，坐落于22座建筑物之中，拥有藏书1100余万册。馆区最大的史德林纪念图书馆，是典型的哥特式建筑风格，气势恢宏，典雅美观。正门由两道拱门组成，门楣中间塑有人物雕像，是否是史德林的造型，我无从查证。雕像两侧用石刻装饰，十分醒目。它们上面是世界上几种古老文字，有中国汉字、古希腊文、阿拉伯文、希伯来文等。有些奇特的文字，我是见所未见，但右侧第二的汉字，十分抢眼，这不仅仅是我熟悉的问题，还有它确实很特别。

把多种文字雕刻悬挂着，悬挂在人们抬头能见的上方，这是一种招引、一种吸收、一种融合，更是一种释放、一种传播！

这是文化，也是办学的境界。

汉字石刻在右边第二块，是颜真卿的书法。

小现问我，那些字我认识不认识。

我说，这是颜真卿写的《颜氏家庙碑》中唐肃宗皇帝御批褒奖颜氏的一

段话。

从右往左读，内容是：

卿兄以人臣大节，独制横流，或俘其谋主，或斩其元恶。当以救兵悬绝，身陷贼庭，旁若无人。历数其罪，手足寄于锋刃，忠义形于颜色。古所未有，朕甚嘉之。

这段文字是褒奖忠义与肝胆，鼓励有担当与有使命感的人的。

小现说，多读一些书，确实方便很多。

我笑说，我也是碰巧读了这段话。在编写《中华最美诗文选》散文篇的时候，用了颜真卿书法集字，这一段是其中之一。说不定，等下碰到其他的，我也不知道了。

我问小现，我们中国那么多文字，耶鲁大学为何单单选这段话呢。

小现非常卖萌地笑一笑，说，因为颜氏是书法家。

我也笑，那应该要选天下书法第一的王羲之呀。

他这段话有意义，因为是皇帝御批的。

是呀，国家需要什么人才，这个御批说得很清楚。颜真卿是文士，耶鲁大学在这样一个标志性建筑前，选了这段话，无疑是想要告诉学子，中国培养的人是有担当、有忠义，能为国家和世界做出贡献的人，耶鲁大学也将一样为国家培养需要的人才。

这段文字出现在这里，不仅仅代表了中国文字、书法、语言，更是彰显了唐帝国的强盛，引领着世界，启示着所有办学者，大学要培养国家和世界需要的大才！

壮哉，中华！

壮哉，耶鲁！

优秀文化没有国界，民族的就是世界的！

【学生日记】 >>>

※小现

耶鲁大学的建筑风格是哥特式风格，给人一种典雅之感。但耶鲁校园也隐藏着现代科技的力量，举个例子，我们参观了耶鲁图书馆——一个储藏着几百万绝版古籍的地方。友人告诉我们：如果你需要借阅这里的古籍，你必须告知管理员。管理员进入一个密闭的、存满古籍的地方，帮你拿出你需要的书。而一旦在这个密闭的地方有任何小火星，里面安装的自动设备会在极短的时间里制造一个无氧环境。

当我听到这些，就一直在感叹科技已经如此发达。同时，也感叹正是科技使人们的生活更加智能、方便。

和陶妈聊天时，陶妈说久盛有读哈佛的潜力，余果有读耶鲁的潜力。

※久盛

今天的课，很有意思。Nancy给我们带来了许多厨具。

Nancy和Diana还教我们认识交通标识，还有玩英语绕口令和单词游戏。一个上午就这样匆匆过去了。

下午，老师们特意请了4位在乔治福克斯大学读研的学姐学长们来，与我们分享了他们取得驾照的经历及在美国生活的趣事。我真真切切地感受到了他们就像我们的同龄人一样，感觉收获了许多，也对在美国学习越来越期待了。

充实的一天，充实的生活。继续努力学习，适应美国生活！

> **妙如回复**
>
> 精彩的自己，就会有精彩的际遇。走走读读，看看想想，明确目标，快乐追求。
>
> 教育就是协助每一个人找到属于自己的幸福。

※余果

我妈跟我说了我的日记的不足——我的日记太过以自我为中心了，并告诉我，小现的日记写得特别好，很值得我去学习。

今天上课又学习到了很多知识。我特别珍惜这段时间，抓紧时间学习，但是仍有些学生不愿意上课。我理解那些上课听不懂的学生的感受，因为我以前也是这样，但是我认为只要努力，就肯定可以学会。

妙如回复

呵呵，小现家长表扬其他孩子日记写得好，你妈妈表扬小现写得好。其实，只要写，就会好。

我天天在看，什么时候该点拨点拨，我会看你写的情况来定。别急，你已经是榜样了。

至于学习的事情，更别急。

大学很多，但各有不同，想上什么样的大学，就需要付出什么样的努力。我们的同学聪明有加，志存高远，一定会知道该怎样努力的。

每一个目标的实现都需要时间，先启程才有可能先到达。这就是定律。

——————————————————————————————— 2017年2月2日

 # 世界影响教育，教育影响人，人影响世界

【妙如随记】 >>>

世界影响教育，教育影响人，人影响世界。

1979年，有中国人写的美国教育考察报告曾说，二十年后，美国教育不如中国。美国人也有一个报告，说二十年后美国教育不如中国。

现在快四十年了，情况如何，谁也没有给出一个结论。

我为了考察教育来到了这里，去过美国很多学校。虽没太深入，但有颇多感悟。

晚上11点多，到了波特兰，黄老师自己开车接我们。

12点多，小现到了他的寄宿家庭。那么晚了，他的寄宿家庭的爸爸竟然在路口等他，拥着他回了家。

之后，黄老师一边和我聊，一边开车。突然，她把车停了。

我问怎么了。

她说警察拦住了，应该是车胎压了黄线，要罚款。

我问她，这么晚了，还有警察吗。

她说24小时都有。这么晚了，路上很少有车，若有，一定在警察视线里。

她就用停车时的那个姿势坐着。警察过来了。要她出示驾照，出示行驶证，然后告诉黄老师，车压黄线了，是不是很疲劳，要不要就近住酒店休息，明天

再开。

黄老师告诉警察，我们就住在附近，快到了。警察说，那就走吧。

黄老师连说谢谢，便启动了车。

她说今天竟然没有罚款。估计是看到我们两个都是女的。

我问，刚才停车，她那个姿势怎么还像开车的时候一样。

她说，警察要你停车，你就得停车。没有得到警察的同意，你不能动，尤其不能弯腰去拿东西。如果拿，警察会误认为你是在拿枪，他会提前掏枪对准你，警察的枪全是真枪。如果警察掏枪打伤了你，是执行公务，你没有理由申诉的。

遵守规则，各司其职，各守其责。这大概就是美国人生活的基本常识了。

【学生日记】 >>>

※小现

傍晚，我乘坐飞机从纽约回到波特兰。纽约的气温早已低得下雪，而波特兰还是与我出发去纽约时没有多大差别，依旧是多风的日子。纽约毕竟是大城市，那里高楼林立。相对来说，波特兰遍地是平房，很少有高楼。纽约的街道永远是人挤人，每隔一段路就有红绿灯指挥交通。

这次来美国，我去了洛杉矶、波特兰、纽约。可以说是三个不同地域的城市，它们代表了不同的地域文化，可以学习的地方也很多，所以说学无止境。人只有怀着一颗向往的心踏足自己未知的领域，才能了解到更多知识，才能有所建树。

※余果

这是在纯英文环境下，而且是专门针对我们中国学生的环境下上课的第三天。

可能因为基础稍微好点，稍稍有些好高骛远了。还好收到了一些同学的好心提醒，使我得以再次沉下心来，认真完成学习任务。

说实话，我的课外知识水平不高，创新能力不强，这些都已经在我和他人不断的比较中显露出来，所以说我的好高骛远实在不应该。

为了自己的梦想，我需要沉静，我需要沉淀，我需要积累。

※久盛

今天策划了一天。上午我们要策划我们的"展示"。大家以演讲的形式来展示自己在美国的收获。下午我和余果要策划明天的告别会的节目。还是有挺多人报名的。期待他们的演出。明天陶老师也会到场,想想就有点激动啊!不知道我们的节目是否能让所有老师满意呢?

【再读之悟】 >>>

万物皆有灵,事事有因缘,千回百转,生生不息。

"世界影响教育,教育影响人,人影响世界",这就像是一个周期,前后相继,永不停息。

余果

———————————————————————— 2017 年 2 月 3 日

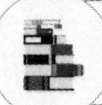 做三有之人：有思想，有智慧，有良心

【妙如随记】 >>>

上午在学习，两位老师上课，学生交换教室。

第三节课，孩子们表演节目，久盛、余果主持，孩子们依次表演。我和明涛拍照。一个画面太美，我拍了下来。每个孩子上台表演，美国老师 Nancy 笑着用手机将孩子的节目录下来。另一位老师则一个一个写下评价。

下午参观。首先是警局和消防局。

学生分两组，余果、小现带一组，久盛、珂和梅带一组。

余果真的很有风度，将现场翻译的好事情全部让给了小现。

小现也挺给力，翻译得简洁、流畅、自然。

下午参观市政厅，首先接待我们的是文钦寄宿家庭的爸爸，他是市政总经理。接着市长接待了我们，并亲自做了介绍。

这位市长是不拿工资的官员。他已经免费做了很多年市长，尽心尽力为这个市服务。他介绍像他这样不拿工资的官员，在他的单位就有好几个。他们吃住的开支都是自己解决。

他们没有特别的招待费。如果真有需要花超过一定数额的请客费，他们必须经会议通过，下拨这笔资金。否则，被查出来会被纳税人起诉。他们要为纳税人的钱负责。

明天就要离开寄宿家庭,已经有孩子给寄宿家庭的爸妈写了感谢信。余果在群里又发了通知。

我今天也和孩子们交流了"做三有之人"。

"三有"即有思想,有智慧,有良心。

希望同学们继续写好微留学日记。这种写作活动,既是养成好习惯,也是进行学术性探究的开始。

有深度的或者说学术性的活动,可以为我们增加思想的厚度。

【学生日记】 >>>

※余果

比起上台表演,我也许更喜欢在台后默默地工作,默默地服务他人。我生下来并不是只为了我自己,也是为了我的家人、他人和世界。父母创造了我,是为了让我能够去造福其他人,让别人幸福。

今天很荣幸地见到了市长。我也了解到,他们的城市事务不是只由市长一人决定的,而是会让全市共同参与。这个市政府的大部分人都是没有薪水的,都是志愿者。我听到这个是震惊的。我也想成为一名优秀的志愿者。

※小现

今天下午我们参观了纽博格的警局和消防局,最后看到了年老的市长。

我觉得整个城市中最伟大的人是市长。市长没有政府工资，完全是公益性地工作，但他认为这个城市给予了他如此多的东西，他要来回报这个城市。所以，他退休之后就当市长了，靠退休工资生活。

做人就应当以这位市长为榜样，他懂得报答别人给予他的恩惠。如果人人都有这种思想，并付之于行动，对整个社会来说，就是一种进步。

【再读之悟】 >>>

孙校长说要有好身体、好心态、好习惯。陶老师说做人需"三有"——有思想，有智慧，有良心。一个平凡的人当他习得无上的智慧，拥有伟大的思想，具有无私大爱的良心时，那么他这一生注定不平凡。人生下来并不是完美的，但想成为"三有"之人并不是异想天开。其实也简单，就是努力朝一个方向奋力前进，完善自己，这样你终将成功。

奥东

———————————————— 2017 年 2 月 4 日

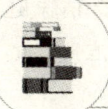 # 惜别,展示,结业,借钱

【妙如随记】 >>>

早晨,家长和孩子们依依惜别,热泪盈眶……

可是,我发现一个细节:文钦家庭的几个孩子与寄宿家庭的爸妈相拥告别时,有一个孩子,寄宿家庭的妈妈却不肯拥抱,甚至有不满的表情。他们走后,我问孩子什么原因。文钦说,应该是不满这个孩子在房间抽烟。

上午是这一周学习的展示。

孩子们用英文向授课老师和同学汇报了这一周的收获。

雅文同学在汇报时还找了小现做伙伴。

余果、久盛被 Nancy、Diana 两位老师邀请做翻译。

我代表同学们说了感谢的话。

我还向同学们说了三个词:安全——身体安全、心理安全;吸收(学习)——带着心去感受;节约——有钱也不能任性。

上车时,余果、敬崇都在为同学服务。下车时,久盛、嘉骏、文鼎、浩涵等也在帮助同学们卸行李箱。

下午,我们在乔治福克斯大学举行了隆重的结业仪式。

彭博士特意穿了博士生导师服为孩子们授乔治福克斯大学冬令营结业证。

梅平老师写下了自己的思考:

美国教师的严谨、认真、专注令人感动。在多元文化碰撞之下，我们学生的各种反应和表现，无论是适应的，还是有冲击的，都给我们的教育提出了很多命题。如何去解这些题将会是我们作为教师一辈子的追求。制度和情感的"黄金分割点"在哪里？如何去拿捏？这都是需要我们认真思考的。

晚上，收到了黄老师转来的寄宿家庭的信息：熊又在房间抽烟，寄宿家庭提出要清洗费。学生答应出二百美元，但寄宿家庭不收，说看用了多少再算。K老师回复了黄老师。

晚上，另一个孩子没钱了，想找我借。我说："我也没有多余的钱，若借给了你，我也就没有了，你去找同学借。"这孩子向许多名同学借了，都说没有。我再提醒，去找小现借，小现有。孩子又去找小现借，一会儿又返回到我这里，说："小现不借，小现说他有钱，但不能借给我。小现还说，他爸说的，钱是自己的，借给不懂得钱的价值的人乱用，就是害了别人。小现不肯借。"

借来借去还是没借到钱，孩子懂了，惭愧地低下了头。最后我借了两百美元给他。有人会说："学生找你借钱，你让他找这个人借，找那个人借，甚至还要听同学教训。要是我，我就不借了。"其实，如果我一开始就借给了他钱，下次有钱在手，他还会没有计划地花钱。学会理财、学会管理自己的财产，是老师要教给学生的。人只有痛过，才会知道痛的滋味。如果不想再痛，就必须让他为自己的行为承担责任，这样孩子才能真正成长、成熟。老师务必理性，方可教出具有理性的学生。

【学生日记】 >>>

※余果

提着行李，站在寒风中，手中仍然拿着"妈妈"给我做的温暖的早餐。就要跟"父母"道别了，很不舍，但我是男子汉，我不能轻易流泪。虽然在寄宿家庭里生活的时间不长，但是他们对我的照顾让我很感动。他们就是我在异国的爸妈。

来到教室，看到了六七张彩色大卡纸，上面写了对那些我们曾经待过的地方、对给予我们帮助的人的感谢。我是第二个进行展示的同学，我做得不出色，但是令我深感意外的是那些平时不怎么听课的同学在最后的展示中完成得很出色，他们是什么时候做的呢？

总是在感慨时间过得太快了，展示一结束就要进行最后的总结了。Diana 先做了总结，由小现和久盛做翻译，他们翻译得都特别棒。在 Diana 做完总结后，陶老师就向这两位老师表达了对我们悉心照顾的感谢。我们全体师生起立，向这两位老师行了最高礼节——鞠躬。我留意到了，两位老师都是眼睛突然睁大，她们对此很震惊。

陶老师又给我们强调了这么几个词——安全、吸收、节约。我们都是中国的名片，我们不仅是祖国的未来，还是能够影响世界的人才。我认为我存在的意义就是服务他人，我的任务就是指引那些走了弯路的人、那些误入歧途的人重回正路。我只要默默地做就行了……

Nancy 在听完陶老师说的话后，感触很大，原本可能不会发言的她也忍不住站在台上，表达了她的感情。她感谢我们，她为我们向上天祈祷。在她做祷告时，我能感觉到她已经落泪。我这个人可能很难流泪，但是我在还能忍耐时，只要听到有人在哭泣，我可能会立马泪崩。

依依不舍地离开了两位可爱的老师，来到宾馆，坐在陶老师的身边。她和我讲了很多。我印象最深的就是关于怎样留意细节，怎样看见美好。我知道了这么一句话——"我们要从三个角度去看人。即，站在低处看人，仰视他们；与他们在同一水平线上，平视他们；通过不断地积累，走到高处，俯视他们，全方位地看人"。

今天虽然充满着离别的愁绪，但是这种离别却会促使我更加进步，这次短暂的分别，为的就是以后更好的相遇。两位美国老师和陶老师一样，教会我的不只是服务某一些人，而是让我服务整个社会、整个国家、整个世界。我明白了！

※敬崇

今天跟我们的寄宿家庭道别，场面很感动，还有些同学情绪控制不住，哭了出来。下午我们去到乔治福克斯大学。这学校很好，如果在英国我可能会考虑。这些天我学会了心平气和。虽然说出来很普通，但确实很有用。

※小现

昨天回到纽博格，今天上午是我们最后上课的时间。我们做了一个演讲。在前几天我还没有回来时，我的同学早已将从杂志上剪下来的图粘至一张硬纸上组成了自己的构思图。对我来说，一天的准备时间明显不够。所以到我演讲时，我就把和陶老师一道在外的感受用英语表达了出来。

第一次用英语说这么久，我有点紧张。但我站在台上还是冷静地组织语言。随着两分钟过去，我也就表达完了。看来，我做事缺乏的是信心。我也并没有自己所想的那样不好，会丢脸。

【再读之悟】>>>

离别的那一天总会细雨绵绵，天空灰暗。本就伤感的场面又碰上阴沉的天气，将人心中那本就敏感脆弱的感情与情绪淋漓尽致地释放出来。同学们脑中闪现这15天的点点滴滴，虽然时间不长，但是美国家人对同学们却似亲人一般。

在离别之际，陶妈留下了三个词——安全、吸收、节约。简洁的三个词表达了很多特殊和简单的含义。都说安全第一！这是我们拼搏的基础和勇气的源泉。吸收！在我看来，吸收一词意思很广泛，例如吸收知识，吸收优点，吸收优秀的文化等。最重要的是用心感受。无论是在学习中、工作中，还是在生活中，都要平静下来用心感受，用心思考，用心去吸收。这样，相信你会有所收获。节约！节约是每个人都应该拥有的中华传统美德。富代表你的能力，节约丰富你的气质。

奥东

———————————————————————————— 2017年2月4日

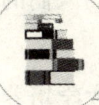 # 怎样看大学

【妙如随记】 >>>

　　哈佛、耶鲁、牛津、剑桥不是所有的人都能进，所以多看一看，多了解那些很有历史、很有前景的学校，也是必要的。

　　下午我们参观乔治福克斯大学。乔治福克斯大学非常重视我们的这次参观！

　　原计划是先参观一个小时，再集合听取乔治福克斯大学的介绍。
　　但大雨下个不停，中午黄老师说要取消校园参观。
　　我遵循张主任嘱托，一切听从接待方安排，便说好。
　　但我问，取消参观是不是仅因为下雨。
　　黄老师说是。
　　我说，如果没有其他原因，校园参观还是不取消，推迟一点就是。我们可以在雨停的时候参观。
　　黄老师说，那大家就先集合，互相交流。

　　下午三点钟我们集合前往乔治福克斯大学。我们来美国的邀请函发出者——乔治福克斯大学负责学校招生、分管留学生的负责人彭教授携他的团队成员在留学生办公楼前迎接我们。

彭教授亲自主持了接待会。

他说，看一所大学要从以下几个方面去看：

第一，看它的"时脉"，即历史。时间的叠加是优秀文化形成的基础。乔治福克斯大学今年建校126周年。126周年意味着什么呢？意味着它历经了世纪更替，经受了风雨洗礼，接受了春夏秋冬四季的磨炼，在关心关注着它的人们的信仰里，长成了材质很好的参天大树。

第二，看它的人脉。就是看它有多少有成就的校友。乔治福克斯大学培养了无数对国家有用的人才，有一位总统就是乔治福克斯大学毕业的。

第三，看它的"学脉"。就是看它有多少有影响的学科。标志就是有多少硕士点、博士点以及博士后流动站。

彭教授讲完后，其他成员分别作了简短、形象、风趣的关于进这所大学的三道"门"的介绍。

在他人介绍的时候，彭教授离开了一会儿。等到他的团队成员快讲完的时候，教授换了服装进来了，他换了给学生颁发毕业证书时才穿的博士生导师服。

他说，今天孩子们在这里的学习就结束了，根据大家的表现，都准予结业。然后，他给大家隆重地颁发了证书。

他安排我们照相，微笑着却又庄重地为一个个孩子颁发证书，和一个个孩子照相。40个孩子，一个一个来，而他始终保持着一样的庄严。

孩子们很是高兴，不断有孩子对我说："陶妈，您拍的照片等下发给我，我要发给我妈。"

这种感觉很好，我需要更努力了……

彭教授说，也许是神的旨意吧，现在竟然真的没有下雨了。为了让大家都能尽情参观，我们分成三组参观校园。

第三组由彭教授亲自当导游。他用中文进行介绍。

参观全是探究式的。

第一个场景：关于校园围墙的探究。

围墙是用来做什么的？

学生1说是用来保护安全的。

学生2说是用来维护秩序的。

学生3说是用来营造安静的教学环境的。

彭教授说围墙是用来保护人和财物的。保护的原因在于担心财物受损，担心人身不安全。而乔治福克斯大学是真的没有围墙。没有围墙，就需要周边社会环境很好，居民素质很高，学校学生很自律。

第二个场景：关于车位的探究。

乔治福克斯大学没有车库，校园所有大道的左侧都是车位。校园里满是停放得整整齐齐的车。学生来上课有车，教授来上课有车，乔治福克斯大学也就自然车很多了，但这里从来没有出现过堵死通道的情况。每一个来到这里的人都会自动遵守这里的规则。大家都很忙，没有时间可以浪费，而节约时间的最简单的方法就是有序停放。

由此，我想到了，国内某公司员工上班，先到的车总是停在最远处，后到的车就自然地停在了离上班最近的地方。有人问："为什么你们先来的不把车停在最近的地方呢？"他们回答说："我们先到的人时间充裕，停在远处不会上班迟到；后到的人本来时间就仓促了，这样停得近就会方便一些。"又有人问："那这样不会让那些后到的人养成惰性吗？"他们回答："不会，停得最近的车每天都不相同。"

无论是国内还是国外都有这样的地方，都有这样一种秩序文化。

第三个场景：关于草坪的探究。

我问同学们："看到这地毯式的绿油油的草坪，你们想到了什么？或者想问什么？"

"这里春夏秋冬四季分明。离离原上草，一岁一枯荣。青草到了秋天是会衰败的，可是，乔治福克斯大学的校园，却四季常青。你们觉得，这是为什么？"

这时，同升湖实验学校的校友欧倩茹同学看到我，便陪我一道走。彭教授对大家说:"这是位优秀的学姐,请她简单聊一聊留学最重要的东西。"

倩茹说:"第一是熟练语言。第二是学会主动交流。第三是……"

第四个场景:总统在这里求学时是怎样学习的?

总统在这里求学的时候,和所有人一样刻苦。只是有一点特别与众不同的是,他始终坚持做应该做的事。

【再读之悟】>>>

评论一所大学,不能光看外表。要从它的"时脉"、它的人脉、它的"学脉"去看。

一本好书,一位好老师,一颗坚持的心,即可将自己打造成万中无一的奇才。人人有好书,好老师也不少,但一颗坚持的心不是常人所拥有的。

奥东

------- 2017年2月5日

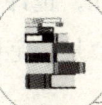 # 修房子、写书、培养人是一样的路径

📝 【妙如随记】 >>>

用大理石建造的华盛顿州州政府议会大厦简单里有奢华，古典中藏着现代，是实用物，也是艺术品，从内到外展现出一种稳固、恒久、充满生命活力的气派！

我们在接待外国元首的大厅合了影。导游说，这个大厅是我们习近平主席来美时，华盛顿州州政府的接待大厅。

我拍下了大厦的平面结构图，典型的中轴对称式结构。

大厦内，人们日常生活、工作所需要的基本设备都很齐全，也很人性化。

看到这个建筑，我不禁很赞成这样一种建筑理念——要么不建，要建就要建出100年都领先的建筑。这样，才能成就经典。

华盛顿州首府无疑是建筑的经典，是凝固的音乐。

由这个建筑，我想到这里的其他建筑经典，想到这个仅仅两百多年的国家的文化，不由得又生出另一个想法：一所学校，一个国家，若是由一群有长远眼光、有心胸、有气度的人引领，这校便会成为卓越之校，这国便会成为强盛之国。

修房子、写书、培养人是一样的路径。没有长远眼光，没有大格局，没有大情怀，规划不出经典，创造不出永恒，抵达不了完美。

若一个建筑，有了一个好的规划，但负责监督的人审美水平有限，加之落实的工匠水平一般，还加上经费等的约束，再好的规划也只是一张图纸。它达不到设计者的初衷，不可能成为经典。而这样就会浪费，使用者不喜欢，要重新装修甚至要重建。

尤其是很多人都喜欢个性，谁到了这个地方都想自己来装饰。如此，也许一年的装饰成本不高，但若将十年、二十年花费的成本累加，我想，这会是一笔巨大的花销。

关键还不在这里，关键还在于这样的建筑看不出积淀，看不出历史，看不出文化，呈现的总是肤浅，却在自我陶醉这是创新。

写书也是一样。要写出经典，写作才有意义。

很多人会用著作等身来赞美某人在学术上的成就。若这等身的著作里只有一本是有价值的，那就写这一本就足矣。人们依然会读千百遍，数十年，乃至数百年，数千年。《易经》《论语》《老子》如是也。

有人说，一本书几个月就能写完，而我说要用一生来写好一本书或者几篇文章。

若一本书里只有一篇或者几篇有价值，就发表这一篇、这几篇好了。历史依然会记得你。

你节约的不仅仅是纸张，更是阅读者的时间。而你的思想主张、品位价值不会因为你只有一篇文章而被淡化，而被降低，而被高搁。

多读点书，少写无价值的书，要写就写有思想的书。

要善于发现生活中的哲理，要将哲理故事化。

培养人也如修房子一样。要有长远的规划，要有细致的实践。

但培养人又与建筑艺术不同。建筑是我们建筑者使建筑有生命，而培养人是培养者要用灵魂唤醒抑或激活被培养者，让他们自己来使自己成为具有意义的生命。而不同的人还得要有不同的培养方式。

由此，想到了今天早晨，有孩子迟到这件事情。

今天行程是去西雅图。

通知7：50上车，8：00出发。

8：15还有人未到，大家都在等，黄老师去叫迟到的人（之前已有负责同学去叫过了），他们还在慢条斯理地收拾。竟还有学生说："难道我们是最后到的人吗？"

这关乎一个人的品性。

修养在时时刻刻，在点点滴滴，在一字一词一句中。

人人生而平等，没有高低贵贱。若有，也是由于自己的言行显出了高低贵贱。

8：00就是期限，过时就是迟到，守时就守住了你在这件事上的尊严、人品、高贵。

每个人可能都想构建一个以自我为中心的圈，但是为别人想得越多，为这个社会想得越远，就越没有自己……

和黄老师聊天，她说，给予比得到更有福气。

是呀！水处底下而能成其大！学会谦卑！守住底线！

在波音公司的感受另写。

【学生日记】 >>>

※余果

前往西雅图，途经华盛顿州的州政府，我们于是参观了一下。听介绍的人说，整个建筑由很多不同的国家的大理石组成。建筑内的那三个吊灯价格非常昂贵。大门口的上方吊着可能是世界上最大的吊灯，可以容下一辆小汽车。

下午我们还去了波音公司总部，看了很多"世界之最"。

※敬崇

今天上午一早就去了华盛顿州的州政府，一直在听解说员说，但我自己只听得懂一点点。让我惊讶的就是里面的三盏灯，竟然可以抵得上那整栋楼的价值。下午去了波音公司总部，看到了飞机产业的先进科技。

妙如回复

当我们被建筑华美的外表所吸引的时候，还应该往里面去看一看，可能里面有更值得欣赏的东西。华盛顿州州政府就是属于这类。参观任何一处地方，都有值得深入的必要。因为只是走马观花，只会留下一个大概印象，过后也许就记不起来了。若深入进去，仔细看看，便会发现，这里有很多东西值得我们思考，回味，借鉴。

你走到华盛顿雕像前时，黄老师说要与你合影。你们合影后，我问黄老师为什么单单和你合影。黄老师说，你有点特别，很沉稳，很善良，也孩子气，但替别人着想。他很欣赏这种类型的孩子。那些不听招呼的孩子，他不是很喜欢。

※久盛

当我在参观华盛顿州州政府时，一面保存良好的美国国旗吸引了我的注意。因为这面国旗只有42颗星星，而普通美国国旗则有50颗星星，象征着美国的50个州。

导游解释说，该旗已经有100多年历史了。也就是说，在该旗制造时，美国还没现在这么大，很多州都还没归属美国。百年时光匆匆而过，而其只是浩瀚历史长河中一个短短的瞬间。我不免有些触景生情！

妙如回复

1889年11月11日华盛顿州加入联邦成为美国第42个州。美国国旗特征是一个州一颗星，这里是第42个州，也就是说，这是第一面42颗星的美国国旗。它被保留在这里，是历史聚焦，也是时间变迁的见证。

我建议大家写日记，因为日记可以帮助你看出昨天的你与今天的你不同在哪里。说实在的，没有文字的记录，一下子是看不出变化的。有了记录，我们就可以从变化的词句间发现你的心理变化、思维变化，抑或连你自己都没有察觉到的心胸、气度的变化。

保留历史，需要随行随录随收藏。

※小现

在前往西雅图的路上,我们途经奥林匹亚市——华盛顿州州政府所在地。此州政府与美国国会大厦的建筑风格一模一样。可以这样说,它就是缩小版的国会大厦。华盛顿州1889年建州,为了显示出自己的历史底蕴,他们精心包装自己。华盛顿州州政府用希腊和罗马装修风格装扮了整个建筑内部,给予第一次参观这里的人一种深厚的文化感与历史感。

所以说,包装自己是一门学问,善于包装的人一定能给自己带来收获。

妙如回复

"包装自己是一门学问,善于包装的人一定能给自己带来收获"很有见地。包装是学问,也是艺术。怎样包装得协调,怎样包装得大气,怎样包装得有格局,都是学问,都是艺术。

能够让来参观的人发出赞叹的建筑,本身就是艺术品。能够把一个每天工作的地方变成艺术品,而人们却不觉得它是可供参观的艺术品,而是很自然的工作场所,这便是最高的艺术境界。

为什么要看西雅图

——2017年2月6日

【妙如随记】 >>>

临行前，朋友说，有时间好好看看西雅图。

1979年，中国改革的春天来临，邓小平同志思考着来到了这里——西雅图。
1993年，江泽民主席来到了这里——西雅图。
2006年，胡锦涛主席也来到了这里——西雅图。
2015年，习近平主席亲临这里——西雅图。
是什么吸引了我们大国主席的目光？

是飞机，是网络，是咖啡……
是波音，是微软，是亚马逊，是星巴克……
是学习，是创新，是感恩……

2015年9月，国家主席习近平在西雅图参观波音公司制造厂，并在波音公司举行的欢迎仪式上致辞。

习近平主席指出，波音公司是中美经贸合作的支持者、参与者、推动者，为两国关系发展发挥了重要作用。波音同中国的合作是中美经贸互利合作的典范。大河有水小河满。中美关系发展好了，美国企业同中国的合作就有了更好条件。希望波音公司进一步提高同中国的合作水平，为中美经贸合作和两国关系发展多做贡献。

这里拥有了世界上太多的与众不同……

西雅图是世界上少有的一个集湖光山色、海洋森林于一体的年轻的高科技城市。

它的气候接近大连、青岛，地形接近重庆。这里松柏四季常绿，草地四季常青。

这里有连通世界，缩短人与人、国与国距离的人物——波音先生。

威廉·爱德华·波音是美国的一位飞机设计师和企业家。他生于底特律，毕业于耶鲁大学。1915年作为业余爱好者在洛杉矶的格伦·卢瑟·马丁学校学习飞行，同年与一位海军军官合作研制双座双浮筒水上飞机。1916年他驾驶这架飞机进行了首次飞行，随即创办波音公司。20世纪30年代"大萧条"后，波音公司被美国政府拆分为三块，他也退休离开了公司。1956年在西雅图逝世。

波音率先在空中将世界联系在一起。

波音先生已经故去，但波音精神永传人间。

西雅图人的创新意识是世界领先的。

这里是世界首富比尔·盖茨的家乡。他没有离开他的家乡，就居住在这块土地上。

华盛顿大学坐落在西雅图，该校有14位诺贝尔奖获得者。

这里还有网上购物的先驱——亚马逊。亚马逊改变着世界，对阿里巴巴产生的影响很大很大。这里的人说，西雅图是马云梦开始的地方，马云会经常到这里来。

这里是第一个星巴克的诞生地。而如今，星巴克遍布全球。

聪明的人和聪明的人结合在一起，生出更聪明的后代。

一方山水养一方人，而良好的人文环境、地域文化，让大量高学历、高智商的人聚集融合、交汇演化，这座山城、这湾海滨、这片森林之人越来越智慧。

现代经济学里称这是雷尼尔效应，是华盛顿大学教授提出的。就是说，如果一个地区有优美的自然风光、良好的人文环境,就有可能吸引大量的高端人才。

中国就是这样一片土地。中国将会是世界上最具吸引力的国度,而不仅仅是某一个城市具有吸引力。当然,我们的同升湖实验学校也会是一个像西雅图一样充满吸引力的地方。

西雅图确实是一个能汇聚人才的地方,虽然它没有很多古老的文化,但它拥有现代的文明。

因为年轻,所以没有"辎重",也就没有许多顾忌,所以一切都像春天一样充满了活力,充满着希望。

希望从哪里来?

希望从创造引领者对真善美的追求中来。

在西雅图,有比尔·盖茨夫妇的慈善基金会。

在华盛顿大学,法学院大楼是比尔·盖茨父亲捐建的,玛丽·盖茨大楼是比尔·盖茨母亲捐建的。

那个横卧着的吉他造型的西雅图体验音乐博物馆是比尔·盖茨的微软联合创始人保罗·艾伦捐建的。

在海上看西雅图时,余果和我一道站在船头,他问:"老师我们现在在船上的意义是什么呢?"

我答:"我早几天写过,要从三个角度看世界——仰视,平视,俯瞰。"今天,我们刚走进去看,称之为"近视"。现在乘船在水上远看,称之为"远视"。横看成岭侧成峰,远近高低各不同。角度不同,景色也会不同。

在西雅图工作的人,很多住在岛上,每天乘快艇到西雅图上班,过着高质量的生活。

导游说这是一个创新的城市,也是一个宜居的城市。物价不高,空气洁净,环境优美,素质高端,食品安全有保障……

身临这块土地,呼吸着带有浓浓的水分的空气,仰视着那些一个个由世界一流设计师倾情创造出的标志性建筑,聆听着导游——一位在西雅图已经生活了二十一年的人充满激情的介绍，我沉默了……

创新是需要心灵安静的。这里必定有一批有创新意识而又心灵安静的人们。

西雅图是上苍的杰作，也是人类的杰作。上苍与人类协同，共同创造了一座优美、创新之城。

天道酬勤。

为国家和世界做出贡献，不是停留在口头上，不是写在纸上，而应时时刻刻落实在行动上。

怎样创造财富？

我们站在了父辈、祖辈的肩膀上，如何创造更大的财富？

继承着祖辈、父辈的财富，怎样运作才能让财富更有意义？

我们应该回馈养育之地，回馈社会，回馈这个美丽可爱的世界。

有财富了，首先要回馈生养你的土地！

我们为什么到西雅图来？

感受文化，传递文化，优化文化，创新文化。

自强不息，止于至善！

【学生日记】>>>

※余果

今天真正"走进"了美国。"平视"这个国家，发现有很多地方和中国相同，例如无论在哪里，商贩那种吆喝声和那种想要卖出自己的商品的心情是相同的。

下午参观的是华盛顿大学，看了里面的图书馆。我觉得大学校园里我最喜欢的就是图书馆了，我认为这里面拥有整个大学最好的资源，再加上里面的环境好，很适合我学习，让我走进去就有种想要拿出书来学习的冲动。

我觉得美国可能适合我留学，这里有亚马逊，有波音公司，但我仍然想去其他国家看看……

※茗轩

步行在西雅图的市中心，高楼大厦下的巷子里有一处地方爬满了爬山虎。三家小店的商品琳琅满目，但是客人却只有3个。古老的建筑风格像是19世纪末的英国。

走在大街上，高楼大厦很有现代感，但是小巷则似处在20世纪，到处都是充满古典气息的小店，特别是一个伞坊，我伫立了良久不肯离去。"太美了！"我如是想。若不是我手上提着一把伞，我怕是已经踏入店门了吧。

体验了一回西雅图的游轮，我兴奋地把整个船跑了个遍。一来这是我的风格，二来这也是因为难得有机会上这样一艘比较大的游轮，怎能不好好体验一回？船头只有我一人，被风雨吹得像个疯子的也只有我一人……不过感觉很快乐，这种体验可不是大部分人享受得到的。

※敬崇

今天我印象最深的就是那一堵口香糖墙，远看非常有艺术感，近看却非常恶心。我们还坐了船。下午我们去了华盛顿大学。我还是比较期待明天就开始的野营，我带一队，希望能带好。

※小现

我们看到了世界上第一家星巴克，那时星巴克的品牌标志又丑又模糊，没有现在的好看。

但是，它能从不到20年的时间里就变成世界咖啡店巨头，无疑有它成功的道理。它是一个懂得回馈社会的公司，也是一个致力于为顾客提供最顶级的咖啡的公司。自从星巴克被世人熟知，它就努力报答咖啡豆产区的农民，还在它的销售地启动公益项目。

从这里，我发现一个人的成功不仅仅来自于他一个人的努力，同时也有社会各界对他的支持，所以说当你成功之后不要忘记对你有过帮助的人。"滴水之恩，当涌泉相报"，你应该回馈对你有恩的人。

【再读之悟】 >>>

我当时和陶老师立于船头，眺望远方，我心存疑惑，思考着这趟航行的意义，于是请教陶老师，她告诉我要学会"三视"一个问题。这次的航行，就是一次"平视"，也是一次"远视"。我们在城内闻到了属于这个城市的独有气味，看到了这个年轻的而背景深厚的城市的蓬勃生机。现在，我们走出了城市，站在了一个可以看到整个城市轮廓的地方，我又看到了这个城市另外一面的人文景观。

  我想站在世界的最高点，鸟瞰这个世界；走进世界，平视这个世界；发掘这个世界的内涵，仰望这个世界。

余果

 ## 野营的意义何在

———————————— 2017年2月7日

📝 【妙如随记】 >>>

9：00出发，去野营地。

一个孩子迟到了7分钟。

余果叫醒他，然后大家提行李，上车。

这是隔一天后又有迟到的现象，而且这个孩子同寝室有人早起，并叫醒了他之后才离开房间的。

是强调没用，是好习惯未养成，还是本身已经养成坏习惯？

如果已经养成这种以自我为中心的坏习惯，就要想一想，让你去等别人，你心里会怎样想？

每个人都要往前走，没时间停下来等一个不守时的人。也许，就因为这次，你就被同伴踢出了朋友的名单。

刚坐定又有人说，手机落在房间了。

44个人的团队出游，初一高一混合，怎样才能步调一致？高一的哥哥姐姐是不是要给学弟学妹们做好榜样？

因为考虑到野营条件会很差，这些过惯了锦衣玉食生活的孩子会很不适应，于是，我在车上提前说明了情况。

到了这里，先是说明规矩，然后是进行活动。

下午是夺旗活动。

　　雨、雪、冰雹齐来。在山中，在泥泞中，四十多个孩子在玩夺旗的游戏，你想想看，会是怎样一种场景——鞋、衣服，全脏了。

　　晚餐后，大家围坐在一起玩游戏。

　　在这山上，什么也没有……

　　午餐时，见两位老师未进餐就出去了，我不知原因。饭后一个老师说，一个学生说没有手机要回家。然后她班主任答应将手机给她。

　　我不支持这样，因为这是团队活动，一组六七人，她一人有手机，其他人怎么办。

　　她说："我不参加团队活动。"

　　我说："一个学生需要两个人陪着，请问我们这么多学生，你一个人要两个老师陪，其他同学我们要不要去看一看？尤其是拍照，学生这么难得的体验，我们不能不拍下来。"

　　"我给你讲几个这个团队里的同学。余果，你看他每天上下车给大家搬行李，早晨起床去叫深睡的同学，上车清点人数。学习他很投入，交流他是最主动的人之一，能为大家服务就为大家服务，不管到哪里，老师欣赏，同学喜欢。他的家庭条件也很不错的。"

　　"看看久盛，国际部的学霸，他是全方位严格要求自己。在这个团队里，他哪一样不是高雅、大气、厚重。他尊重老师，尊重同学，服从调剂。他吃饭比较慢，如果时间不是很宽裕，为了不让同学等，他都是用纸巾包着一些食物上车吃。孩子，你知道这些细节反映出来的是怎样一种良好修养吗？"

　　"再看看敬崇。他父亲做慈善，管理的公益基金上亿。他成绩很好，负责团队，不耍脾气，不张扬，尽可能提高自己的修养。"

　　"看看小现，和久盛同学同级别的学霸级人物。他遵章守纪，微笑待人。团队出行，你怎么安排他就怎么做。那天分房，他们寝室三个人，只有两张床，他都没有做声，是黄老师做最后检查时发现后，才给调整的。当时问他怎么不提。他说这么多人，一下子都要房，我肯定忙不过来，他想等我忙完了再找我。孩子，你想想看，遇到事情，替别人想一想，结果会怎样？"

"也许你说，他们全是成绩好的学生，你一下子学不来。"

"那就再听一听吧。文钦，成绩没有上面那些同学那么好，但人品、气质、心胸、气度都非常不错。在他的家乡，别人可是叫他'费少'哦。你看到他的手机被收了，他和同学们玩游戏玩得多么欢快。"

"手机只是一个需要它时就用一下的工具，不能把它当作人一样的伙伴。有机会还是多和人一起玩吧。"

"现在，同学们都玩去了，我要去拍照，你自己好好想一想。"

"野营的意义，就是体验在什么也没有的情况下，我们怎么样生存。"

说完，我就和黄老师上山了。

转了一圈，照了一些照片，我便下山。遇到一名学生说珂找我，因为依头痛睡着没起来。

我从我们住的小木屋拿了甜饼，走进孩子们的营房——小木屋。之前那个孩子、老师都在，依睡着。

我走至床前说："依，先坐起来吃一点点东西，喝点热水就会好很多。"

依坐起来。我将甜饼分给大家都吃了，依也吃了。

依说很冷，黄老师又给她加了一个睡袋。

等她吃完，我说："陶老师想请你陪我去山上看夺旗，可好？"

依起床，我要她加了防水衣。我们一边走，一边聊，不多远，遇到一身都淋湿了的六七个女孩，她们说，活动已经结束。

我问："刚才下冰雹时，你们停止的？"

她们说："不是。下冰雹时同学们也没有停下来。你看，我们的衣服全流水了。"

我说："快去洗澡，别感冒了。"

孩子们笑说："可好玩了。"

依表情有了变化。

这时，又远远看到天祺一个人往山上走。我便叫他，他说，他的钱包掉了。

我说："怎么一个人呢？"

他说："其他人洗澡去了。"

我和依几乎同时说："我们一起帮你找。"

天祺问依："刚才怎么没来玩游戏，好刺激的。"

依说："头痛。"

天祺说："我起先也头痛，后来他们追我，抓我。我不想让他们追上，抓住，就到处躲，结果就不记得痛了，现在也不痛了。小时候，不想吃饭，说不舒服，妈妈就说吃完给你玩一下电脑，我马上就吃完了，妈妈说电脑包治百病。"

到了刚才同学们玩的"战场"。依说："好美呀。"

我说："错过风景往往都是因为事先认为没有什么看头，觉得世界上山山水水大同小异，不看也没什么。因为这样，我们有一点点不舒服就成了借口。殊不知，当你经历过后，会感觉神清气爽，一些小小的不适，也就烟消云散，无影无踪了。有些身体病，其实是心理病。心态好了，得病的概率会小很多。"

我问天祺："钱包是什么颜色？里面有些什么？"他回答后，我说："孩子你的钱包不在这山上。"

他说："刚开始跑的时候，我都摸了一下，钱包在身上。"

我说："钱包在你那小木屋。"

于是，我们下山。

天祺和我聊，说活动真的很好玩，但是，很多几千块一双的鞋子都废了。

我问："怎么说？"

他说："这里什么都没有，没有洗衣机，没有洗涤剂，没有鞋刷，没有……反正什么都没有。好多同学的鞋、裤子都只能丢掉……"

我说："请带我去看看。"

到了一个小木屋，我发现，大多人都在清理，却有一条裤子、两件衣服、几双鞋丢在了地上。衣服、鞋都看不出原来的颜色。

于是，我指导他们在没有任何工具的情况下，怎么凭双手清理这些脏鞋子。

我拿了一双示范，和依一人一只。我们用树叶做工具，就着小溪清洗。一会儿，一双鞋子就恢复了原来的颜色。

茗轩看了，说："我也来洗。"

嘉骏也开始洗。

岳东也开始洗。

懿轩也开始洗。

……

鞋，洗完了。

其他孩子到运动馆去了，只有依和懿轩了。依说想到运动馆去运动，就走了。

懿轩说，他带了几双鞋，原准备把脏了的丢掉的，洗干净后，觉得自己之前丢掉的想法是很浪费的。

我说："我们一道把那条裤子洗干净一下，如何？"

他说："太脏了，没办法洗。"

我说："这清清的溪水会洗。"

我们把裤子放到流动的溪水里冲，用树叶擦，不多久就把一条不见颜色的牛仔裤给洗出蓝色来。

然后，我让懿轩穿上脏衣服，让他当洗衣板，用一条毛巾将两件衣服干洗了。

洗完，我们也去运动馆，路经另外两个小木屋。一个小木屋外的九双鞋，洗得干干净净，整整齐齐地摆在走廊上。另外一个小木屋的鞋子没洗，但摆得很整齐。

依在打篮球。我看见之前闹情绪的孩子也在打桌球。天祺的钱包在小木屋里自己的床上。

吃饭后，孩子们都在用手机，有的打电话，有的写日记，有的玩游戏……

饭后玩游戏。游戏规则比较复杂。组织方总让老师带着，而我的看法是必须让孩子们自己去参与，去体验，去展示。不然，总是老师陪着，他们什么都有依赖。

老师的作用是影响，是激活，是建议，是指导，绝不是包办与代替！

【学生日记】 >>>

※余果

今天是来野营的第一天，并没我想的那么艰难。我与我的带队老师友好相处，做到绝对不违反纪律，但是仍有些人有意地去违反，因为他们适应不了。我发现，野营很适合我，适合锻炼我的耐力，我所想要的不只是身体上的强壮，还有心灵上的坚韧。

虽然衣服脏了，但是很开心，还好准备了很多的衣服，我妈真有先见之明。

※敬崇

今天我们来到了野营的地方。上午我们开展了很多有趣的小活动，下午我们来了场精彩的夺旗大赛，双方都拼尽全力，基本上每一个人的身上都粘满了泥，然后我们又玩了一些球类运动。感觉今天还不错，希望明天更有意义。

※茗轩

假期进入倒计时了。最后几天的野营着实是头一次体验。总之这里没有想象中的那么差，所以说，还算好吧！

第一个游戏就玩得一身脏，还好会一点生活技能，自己洗了下鞋子，但是后面的生活如何实在是不敢想象……

糟糕？对于我来说还不至于，毕竟曾经天天待在乡下，洗个澡都没有浴室，所以感谢自己的适应能力吧！比起校园生活，其实我还是蛮想多待在这儿的。除了不能洗衣服比较麻烦！

※嘉骏

今天非常感谢陶妈，不仅仅是因为她在冷水里帮我们把脏鞋洗干净了，还因为她又用行动告诉了我们在失去依靠、失去凭借下的生活方式。

※久盛

今天我们正式到达了营地。让我记忆深刻的是下午的夺旗游戏。我曾经被"敌方"抓住，最后七次"越狱"，上演了"徐久盛的救赎"，终于在最后一次成功逃回了大本营。真刺激！

回到我们的小木屋后，我美美地洗了个澡！一天劳累后的放松真惬意啊！

※卓

这是人生第一次参加这种大型野营。我感受到了团队合作力量的强大。下午的时候，我被分配到了一个女生多的队伍。开始我认为这是非常不幸的，但是后来的事实证明我错了。我们连赢了两次。以前我觉得团队合作精神是很难培养的，但是今天我和队友依靠团队合作走向了胜利。

【再读之悟】 >>>

当时的我们很兴奋，烂泥、污水溅到身上却浑然不知，激动的情绪感染着周围的人……

野营的意义究竟是什么？是单纯地享受快乐，还是从接触自己从未尝试过的事物中逐步成熟？陶老师为何会觉得那位老师的做法不妥？

陶老师希望我们按照我们自己的方式去发展，而不是要求我们去变成什么样子。在面对不再是什么都有而是什么都没有的情况下，老师点醒我们，让我们在什么都没有的情况下，依然能找到生活的方式。当学生陷在原地无法突破自己的时候，老师伸出援助之手，微笑着如和煦微风般帮助我们继续前行。

她立于不远处，双手相握，微笑着，注视着，如春风般温柔吹拂，吹走了我们心里的阴霾，留下淡淡的柳叶香。

余果

射天狼，钓寒江

2017 年 2 月 8 日

【妙如随记】 >>>

大雪纷飞，野营不停。

上午"天狼组"，张弓射箭；"寒江组"，雪中垂钓；"善行组"，用泥做蜡烛。

我跟拍"寒江组"。

雅文、伊静、秋君等在雪中垂钓。

文钦追景而至，赤脚，短裤，也一起雪中垂钓。

此时温度零摄氏度以下。

和文钦闲聊。他说，尝试过之后，发现很多东西，我们都可以突破。只是看自己愿不愿意。以前他怕冷，来这里后发现，心里不冷的时候，人是冻不坏的。

我不知道其他孩子有什么感受，但我知道，受益程度会有不同。

场景一样，修行各异。

【学生日记】 >>>

※余果

每个国家都有自己的文化。去读每个国家的书，感悟每个国家的文化，吸收每个国家的精华，这是我的梦想。

我现在只能不停地吸收，不能浪费时间。我的时间有限、资源有限，我要做的就是做一条潜伏在水中的龙，蓄势待发。

一张来自寄宿家庭的清洁费用单

2017年2月9日

【妙如随记】 >>>

今天收到了一张来自寄宿家庭的清洁费用单。对此我们有心理准备。在离开寄宿家庭的那天晚上，校方已经和我们说过了。

这张清单原文如下：

Hello, Marc, Jane, and Ke Deng, Joe and I did enjoy hosting the boys, getting to know them a little, as the language barrier was significant. We did ask them repeatedly not to smoke in our house, as you know, asked their teachers to tell them not to smoke. But it was cold and rainy outside, and they stayed up until 1 or 2 am, and smoked indoors after we went to bed. Zhuo Yuan stayed after school on Feb. 1st, 2017, missing the bus, so I took him home, fed him dinner. The next day I found a pop can full of cigarettes in Joe's office, where Tianqi Xiong was sleeping.

I have not gotten back to you earlier because I have been cleaning, taking the comforters to the dry cleaners, picked them up, and found they still smell like smoke, making me cough. I will have to dispose of them, along with the memory foam queen topper. I have washed all the bedding I could, and that has been effective to get rid of the smoke. I opened all the windows in the coldest day of winter, attempting to air the house out. Still it stinks like smoke. You are welcome to come over and smell for yourselves.

After consulting with experts, the most effective method to clean up smoke damage is to wash the walls and ceilings with TSP and repaint. Then steam clean the carpets.

That attached is a bid for cleaning the walls and painting. The flooring bid for labor is not part of the clean up.

Steam cleaning the carpet is $189. Dry cleaning comforters, Joe's 5 suits is $161. Cleaning walls, ceilings and painting is $5780. Please let me know if this is acceptable.

Shelley Hannan

内容概要：

需要费用：蒸汽清洗地毯是189美元。干洗羊毛围巾和乔的5套西装是161美元。清洗墙壁、天花板和重新粉刷是5780美元。

之后，又收到转来的一段：

Greetings to all:

All the best for the students safe return to school. I hope the rest of their school year goes well.

As for the smoke damage to our home, I am willingly cleaning clothes etc., but I cannot clean ceilings and walls, tape, mask and apply Oder primer and paint. I sent you the bid from JK Painting, but I also wanted to add if you have a contractor you wish to send over to give a second bid, I am happy to arrange to be home for an appointment. If you have, please call ahead. The number is 206-554-1630.

Please resolve this soon, as the smoke smell continues to permeate my hair, clothing and we have guests coming.

Sincerely,

Shelley Hannan

内容概要：

我能够清洗衣服等，但我不能清洗天花板、墙壁，使用油漆。我寄给你的是

"JK装修公司"的出价，但我也想补充：如果你有其他承包公司给出其他出价，我很高兴安排洽谈。如果有，请你事先打电话。

请尽快解决这个问题，因为我的头发、衣服都是烟味，而我们有客人要来。

之后，黄老师转给我学生离开那天寄宿家庭发来的一段话，意思是说，这名学生缺乏对所有权威的尊重。

孩子们到了寄宿家庭，家长会明确告诉孩子们规则。若在寄宿家庭抽烟喝酒，他们会通过与学校协商保障他们的权益，同时证明他们有看管孩子们。

我将清洁费用单转发给了学生。几个学生看完之后是长久的沉默和无法相信的惊疑。

清洁费用单上的费用数字，远远超出了孩子的想象。

他们不知道，国内人力的工资是很低的，但美国清洁、装修这类人力的工资很高，一低一高，相距就是若干倍了。

我看了那孩子的反应，脸白了，头低了，人蔫了，难以承受重罚的感觉显露无遗。

我要文钦处理此事，文钦说，请我参加。

于是，召集了到过X寝室的人开会。一共八个人，没有抽过一口烟的离开，走了四人。我让剩下四人自己说要承担的费用。

有孩子说，他只抽了一口。他们一般是点燃一支烟，两三个人轮流一人抽一口。

我问："你们都是好朋友，是吗？还记得我给你们说过的'益友有三，损友有三'吗？他抽烟，如果你去制止他，会有今天吗？你制止，他也就收敛了。而你也抽，他胆子就大了，多一个人抽，他胆子就更大了。学好千日不足，学歹一日有余。你本不抽烟的，可是你凑热闹抽了烟，壮了别人的胆，也让自己'脱不了身'。抽一口五百美元，也不是很贵，买个教训吧。"

看到平时的朋友不想出钱，X说："你们出一些，剩下的我自己承担。"

我问："这钱明天务必拿出来，你们怎么拿？"

有孩子说，他们可以凑出来，找国内的同学、朋友，用微信转账。

我想，这么严重的违规行为，这样典型的而个别孩子又不太重视的事情，不能就这样被抹平了。这错犯了，错的价值要"最大化"。

这些孩子将来都要出国的，如果就让他们这样悄无声息地处理了，以后他们可能又犯。他们有钱，出点钱解决就行，但如果养成了这样的习惯，今后，麻烦可就更大了。难道让每一个在国内想抽烟而被老师严格管理不能抽的孩子到了一个监管不严、要靠自律生存的地方，都来尝试一下付清洁费的经历吗？

不能！我也更不能让我带来的孩子犯了错大事化小，小事用钱化了。

我说："你们每个人出多少，你们自己定好。现在，当着我的面，打通家长电话，告诉他们，你们违反了这里的规定，在寄宿家庭抽烟了，被罚了。费用很多，请他们转账给你们。"

孩子们说，能不能不告诉家长，家长听了会很伤心的。我说："现在伤心还只是钱的事情。如果我们不能从这件事情开始真正自律起来，今后可能就会犯更大的错。为了今后的安宁，必须现在接受应有的惩罚。"

不仅如此，我又召开了整个"微留学同学会"，严肃声明了纪律，提醒大家自觉遵守一切规章制度。而且我将整个事件的过程写在了网上，后来还有孩子们自己写的反思，以此告诫所有抱着侥幸心理去违规违法的人！

我向张主任汇报了此事，他认为这件事要公之于众，让更多人得到启示——严格守规，不存侥幸心理！

教育需要帮助每一个人趋向理性！

【学生日记】 >>>

※X

在美国买烟，必须要出示证件才能购买，但是在欲望的驱使下，我想到了办法——叫别人帮忙买。因为"有钱能使鬼推磨"，很快我就买到了烟，迫不及待地开始抽了起来。刚开始我还鬼鬼祟祟的，不久胆子越来越大，在寄宿家庭也开始抽了起来。那时候自以为想的办法很聪明：把窗户打开，然后边喷香水边抽烟,却不知道这么做为自己埋下了祸根。

一大早到了学校,还不知廉耻地跟"好兄弟们"说自己昨天悠闲地在寄宿家庭里抽了根烟。讲得有声有色,"兄弟们"都投来羡慕的目光。后来胆子越来越大,不久后"兄弟们"来到我的寄宿家庭做客,我高高兴兴地带着他们来到了自己的寝室,我们的欢声笑语不断。

慢慢地,整个房间变得烟雾缭绕,我完全忘记了寄宿家庭和老师对我的忠告,继续抽。慢慢地,整个房间都被污染了,连香水都盖不住烟味了。在我离开寄宿家庭后,寄宿家庭的爸爸妈妈发现了这件事情,非常愤怒。

当知道自己面临重罚时,我沮丧不已。但这一切的一切都是我自己造成的。因为自己的欲望和自私,我伤害了寄宿家庭,更伤害了老师和家长。我很后悔!可是有些事情不是后悔就能改变的!

【再读之悟】 >>>

事情发生当天,我写下了一篇很长的日记。日记中我提到了这个国家的法律很严格。出发前,陶老师曾告诫我们"要在法律的范围内追求自由"。很遗憾的是,我们有人没有做到。

中国文化教导我们要遵守每个地方的法律,但是我们连中国文化也不曾领会。

再读此文,我不仅敬佩老师处理事情的方法,更敬仰老师的正直为人,长远育人。老师是有很高声望的人。自己的学生犯错了,她不点出姓名。其他人不会知道。知道的人过不了多久也会忘记。而她记下这件事,为的是提醒更多可能犯错的孩子不要犯错。

有师如此,一生之幸也。

余果

———— 2017 年 2 月 10 日

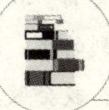 跃马、飞渡

📝 【妙如随记】 >>>

在这青山绿水之地，下着雨，下着雪，没有手机，一群都市孩子如何度过？

今天上午我们分两组活动，一组滑索道，一组骑马。
我陪滑索道的孩子。
滑索道时，第四个轮到我，我上去又下来，跟安检人员说我低血压，还是不滑了。
等一个一个学生全部滑完后，我又上去滑了索道。
滑完，他们给我录下了全过程。

珂问我："陶妈，您先不滑，最后又怎么去滑呢？"
我说："我是带队老师，是来陪着孩子们玩的。孩子们去滑，我可以一个一个地拍照，留下珍贵的纪念。而且我本身低血压，在之前去滑，若真的晕倒了，孩子们就没兴趣玩了。最后去滑一下，若出现什么问题，也没什么大事。"

📚 【学生日记】 >>>

※余果
我没想到那些外国辅导员会如此感谢我。只是举手之劳，他们就对我说"别

人都在开心地做着自己的事，只有你在帮我们，我想你应该去享受一下"。我真觉得自己只是举手之劳。自从我当上班长后，我就再也没觉得帮助别人会令我不开心，相反我很享受。

从我刚开始到国际部，进入陶老师的班，一直到现在，我是发生了巨大变化的，这不仅因为我的爸妈，也因为同学和陶老师以及其他老师对我的影响。我的身体渐渐强壮、成熟，同时心灵也变得强大与成熟。我会想别人想不到的事，我会做别人懒得做的事，我会做别人认为无意义但实际上意义深刻的事，我会做那些别人可能不理解但正确的事。即使不被理解，也无所谓；即使现在无人理解，但终有一天会有人拍着我的肩说"我懂你"。

※伊静

这几天的野营是以"绝望"开始的，现在却有些不舍。因为现在是冬天，我想钓鱼但钓不上来。我尝试和低年级的小学妹们住在一起，并且发现其实不是所有的小孩都很吵很讨厌。

※卓

在这里我想对一些人说，其他人的感受要放在自己的感受前面。

2017年2月11日

游戏不按规则还能游戏吗

【妙如随记】 >>>

游戏不按规则还能游戏吗？

无知是最让人看低的。

加上没有敬畏，更是让人远离。

今天下午，我随一组去骑马，K带着另一组去玩枪战。

在骑马组现场，有人来喊我，说枪战组那里的学生和外国教练打起来了。要我快点过去。

于是，我带久盛、余果一道过去。

我们刚到现场，就有两名工作人员将久盛、余果挡在外面，不准他们进入现场，并派一人送他们下山。

我看到两个大人用力按着L的肩膀，K在一旁说。但他们不听K的请求，已经报警了。

我打电话给黄老师。黄老师说，如果已经报警，她就帮不上任何忙了。他们不会听任何人的解释，只会依据法律来处理事情。

我让他们说明了前因后果。我心里清楚，语言的障碍是前因。不明事理，一味逞强是关键。

通过我反复的沟通，最后，美国教练终于松口，说理解他们因语言交流的不畅而导致沟通上出现的误会。

具体情况，让孩子们自己说吧。

【学生日记】>>>

※来

今天这个事情,我因为同学的两句气话,不顾后果地冲了上去,一脸愤怒想打架的样子,让教练产生了我要参与斗殴的感觉,但其实我只想把朋友给扯出来。我不想自己的"兄弟"被压在地上。但是我所做的事情并不能改变什么,我直到现在都在拷问自己。

昨天同学犯错要付高额的清洁费,然后我脑袋一热就对K说了一些很傻的话。我现在很怀疑我的智商,想想自己以前犯的种种错,无一例外,都是因为好心办坏事,以及骨子里的自卑。

我感受到了美国人教育人的方法,有力有效,只是可能是有那么一点残忍的,但是对作为学生的我们来说,这些会有益于我们的成长。就从今天的事情来看,我觉得美国人很冷静,冷静得让我觉得不可思议,从事情发生到结束,他们处理得很冷静,很有效。在保证自己安全的情况下也保证了学生的安全和事情的可控性。他们把冲动的学生按住,然后报警,疏散学生,冷静而有效。很不可思议。我应该学习。陶妈的解决办法更好,极其妙。

我现在必须要真正地去改变自己,最后我送给自己一段话:

刻薄和幽默是两回事。

口无遮拦和坦率是两回事。

没有教养和随性是两回事。

轻重不分和耿直是两回事。

我能成就我的人生。

我会让自己更善良。

※峥

下午跟着朋友们去打枪战,我没有遵守游戏的规则给美国工作人员带来了很大的困扰。因为我们语言沟通有问题,而且我没有尊重他们,跟美国工作人员"拉拉扯扯",最后演变成和训导员打架。他们说,他们对我好,我却不尊重他们,他们只能换一种方式教育。于是,他们在K百般请求下,也不改变他们的教育方式……

我发现自己真的很无知很过分，老师们和外国友人对我们很好，但我没有去尊重他们。

最后，他们连K都不信任，把陶妈喊过去了。我敬爱的陶妈在现场的真诚与智慧，我深刻地领略了。她与他们交流，一步一步为我解释。她真的是一位好老师。老师们是真心为了我们好，每天都想着怎么让我们变得更加优秀。陶妈一直用爱引导我们，我却不争气。因为我们的年少无知，不懂事，犯下这愚蠢至极的错。

我感觉这些事让自己长大了很多，以后不再需要为自己的冲动而买单，因为我已经知道冲动的后果，不会再那么冲动了。

陶妈常教育我们，哪怕心里再不舒服也不能打人，我想我已经学会了。

离开营地的路上，我一直在思考这些天我究竟在做些什么。别人一直忍受我们的无理取闹，要知道哪怕是我们的父母也不一定会一直忍受着。肯定有人早就已经开始批评我们了，但我们却没有意识到他们希望通过退让让我们发现自己的不足，改变这些，但我们没有，反而是一次一次地犯错，不断地伤害他们，为什么我们就不能换位思考一下呢？

到现在我满脑子都是那些自己犯错的画面。陶妈的背影让我一直记着，这个人为我付出了很多。我感觉自己太过分了，居然会犯这样的错，破坏了他们对我们的印象，还让同学们无法继续游戏，这都是我们无视游戏规则的后果，所有的后果都只能由我们自己承担。

以后我会遵守规则，不会再让父母和老师为我担心。

妙如回复

孩子，从这件事中，我们应该要思考几个问题：第一，守规则的问题。不守规则，就会失去秩序，游戏就不能正常进行，其他也是一样。第二，不同的游戏有不同的规则，就像打篮球和踢足球是完全不同的规则一样。第三，要试图找到大家都能理解和接受的沟通话语。只有这样，我们才能变被动为主动，从错误中吸取教训，在经历中获得智慧。

———————————————————— 2017 年 2 月 13 日

 必然与偶然

📝 【妙如随记】 >>>

在波特兰上飞机，我走在最后，一个孩子竟被阻拦了下来。原因是，每个人只能提两个手袋上飞机，他提了四个。

我见到便说，他这四个袋子，两个塑料袋就提了两件衣服，怎么不压缩到背包呢。他说压不进。我又问怎么不请前面的人帮忙提进去。他没回答。

我也有两个袋子，只好把手提箱打开，将他那两个塑料袋里的东西压到里面。检票时，检票员竟然说，因为飞机小，我的这个手提箱要托运，因为我刚才把两个塑料袋的东西都装进去了。

在通往飞机的过道上，我和孩子交流：规则是正常生活的保障。发生的每一件事情，都是生活的一部分。有些事情是偶发的，但很多事情是可以预料到的。出门，准备好能准备的，掌控好能掌控的，事情就会顺畅很多。

在上海转机时，我们正要下飞机竟有个孩子的护照不见了，因此他只能留在飞机上。于是在出口处，大家留下来等，梅带学生去找机组帮忙找护照。

刚登上飞机，竟被告知，因特殊原因，飞机不能按时起飞，要延误一小时左右。

在飞机上，我借手机打了一个电话回家，竟听到了噩耗：93岁的父亲处在游离状态。

到了长沙，去取行李，其他人的所有的行李都来了。而我们这个团竟然还有

九个行李箱没有随飞机回国，现在还在波特兰，过几天才会到。机场工作人员要我们留电话，到时通知我们来取。

这次旅行可谓充满奇缘，一系列的意外聚集在了一起。

生活就是这样，充满了必然，也充满了偶然。

【学生日记】 >>>

※慕尧

作为新同学的我，初来同升湖实验学校有诸多不适应，但是在一个星期的相处中，热心的同学与老师帮助我很快地融入了这个集体。55班是一个充满笑声、学习氛围浓郁的集体。我深感荣幸可以成为这个集体的一员。在55班，同学们都会很自觉地学习到晚自习第三节课。看到他们如此努力，也影响了我不少，而每天的单词背记，让我的词汇量以倍数增长，虽是辛苦，但也值得。

我相信，在这样的学习氛围里，我一定会实现自我价值，实现梦想，走得更远！

父亲的嘱咐

——2017年2月14日

父亲对身后事进行了安排：

我死后，不要运到常德，普丰中学是我退休的学校，沅江是我工作的地方，我就从这里离开。

不要报丧，烧了以后再去办理丧葬手续。知道的人来了就来了，人太多你们会忙不过来。

不要做道场、唱孝歌。我93岁了，死了是喜事，不要把活着的人搞累了。

你们每个人都有一些同事朋友，领着一点工资，却要应付很多的份子钱，也很难。收下心意，你们自己看怎样处理，能不收礼就不收。

火葬的时候，一定要有人守着，看着我烧完，要全部的骨灰。

我很早就离开了父母，没有时间陪伴他们，你们送我到宁乡，把我葬在我娘的坟的右边。这样我就有时间去陪了。

并告诫自己出国的孙儿孙女们，要学有所成，然后必须回来，报效生你养你的祖国。

第二部

澳大利亚篇

丈量
ZHANGLIANG

没有比较,不知高低;有了比较,就会发现差异。

——小现

第二部

臨床栄養

又一次丈量开始

——2017年6月30日

【妙如随记】 >>>

今天,启程去澳大利亚,学生总长是静宜,嘉骏、文鼎、旺林、伊人分别为团队长。

嘉骏组还得负责潇航同学的行李。潇航脚伤刚愈。

张老师负责初中孩子。

余果送行,搬行李。

孩子们,诗意不是PS过的照片,而是真实的生活细节。用笔写下每天真实的记录,那里有可遇不可求的诗意。

那些日记是回忆,也是激励。

余果发在澳大利亚群里的,与大家分享:

大家都注意一下:

这次澳洲旅行,学生人数较多,老师较少,所以大家要多多帮助老师做事,毕竟两位老师都是女性。同学们不要违反规则,要尊重自己的团队长并且帮助他们。

本次旅行的总学生负责人是静宜,她是女生,请大家帮她做一些力所能及的事情。男生们也请尽力保护和帮助女生。

最重要的一点就是互相关照,不要受伤,不要吵架,不要打架,不要惹事。遵守法律,尊重他人,尊重自己。

最后祝大家假期愉快，好好玩，好好学。

【学生日记】 >>>

※思航

今天是出发去悉尼的日子，我出生16年来也只坐过两次飞机，今天是第二次。之前没出过国，所以这次有机会去澳大利亚很是兴奋。

没有出国经验，在机场要办什么手续、走什么流程也不是很清楚，也没有时间概念，所以这一次出国差点就误机了。我们下了长沙到广州的飞机以后有一个小时登上国际航班。我们认为时间充足，吃个饭还是可以的（肚子饿了）。可我们没想到检票等程序需要这么多的时间。还好有老师耐心指导，有善良敬业的工作人员给我们开通绿色通道，让我们及时赶上飞机。谢谢你们！

------- 2017年7月1日

 # 悉尼，一个安静优雅的国际大都市

【妙如随记】 >>>

9：49 我们安全抵达悉尼机场。

导游介绍，悉尼是一个安静优雅的城市。

【学生日记】 >>>

※思航

　　走出机场的感觉就是：冷，新，清。与国内相反，澳大利亚现在是冬天，还有点冷。国外也是截然不同的一番景象，所以觉得很新奇。而"清"当然是指这里的空气很清新，沁人心脾。这一切都让我对接下来的生活充满了期待。

　　午饭后，我们来到了悉尼大剧院附近，景色如水彩渲染的风景画，美不胜收。我们头顶蔚蓝色的天，脚踏青石板，放眼波光粼粼的悉尼港，笑逗俏皮的海鸥，还有欣赏悉尼大剧院里的种种风光。

　　随后陶老师、我、嘉骏等七人一起漫步海湾边。海风就像我们的情人，时而娇羞温和，时而热烈奔放，把我们折腾得那叫一个狼狈。所幸的是，有你有我，我们一起在寒风里放歌，在海滩上、在海浪里，嬉戏、笑骂、拍照留念……

　　汪洋大海，沙滩，此起彼伏的海浪……这些我都只在电视里见过。我以前一直向往着海边，每年夏天都嚷着要父母带我去海南三亚玩，一直没能实现。这次邦迪海滩之旅，真正让我感受到了海洋的魅力。我们几个人一起，搏击风浪，在

一次又一次的海浪里，我们追逐，打闹，有时险些被浪冲倒，但我们不会畏惧，只会站得更坚定，站得更稳！尽管浑身没有一处是干净的，尽管裤子湿透，尽管回来以后冷得瑟瑟发抖，我也不后悔那份往海里冲的勇气。

我从前没机会去很多地方，很高兴遇见了悉尼。

我用了十几年去熟悉、习惯、喜欢上我出生的土地。可多情的我却只用了一天就爱上了你……

※文鼎

其实在去澳洲的路上我还是历经了"九九八十一难"。不论是长沙飞广州，还是广州飞悉尼，我基本都是踩点到的。长沙飞广州时，因为背包里有眼镜护理液，又折回去把包给托运了。广州飞悉尼时把时间记错了，差点迟到了，还好陶老师发现我不在，及时叫了我。

※琪井

这是我第一次出国，当我到达悉尼时，给我最大的感受就是没有中国的那种热闹。街上基本只有汽车的声音，大家都很安静。这里的环境真的好，不仅是海天一色，还是遍地绿树。这边的中国餐厅是让我最有感触的了。还有悉尼的中国人，真的很多，让我很是震惊。

———— 2017年7月2日

 堪培拉,一个花园城市

【妙如随记】 >>>

　　堪培拉,在离悉尼两百多公里,距墨尔本五百多公里的地方,这是一个没有围墙的首都,也是一个花园城市。

　　据说,之所以建都于此,是有故事的。

　　悉尼和墨尔本两个城市都想建都,建在哪里,都会有争议。选一个新址,很好!

　　对国家有贡献的人,人们会纪念你,国家也会纪念你。

　　怎样让更多的人记住这些人呢?国家把他们的头像印在钱上。

　　很多国家的钱上大多印的是总统,而澳大利亚的钱上有总统,有慈善家,有艺术家,有作家……

　　堪培拉从确定建都到正式建成,历时十几年之久。1927年堪培拉正式建成。堪培拉的商业比不上悉尼,文化比不上墨尔本,是一个政治中心。

　　这个羊背上的国家、袋鼠比人多的国家、古老却又年轻的国家,吸收的是欧美先进的文化。

　　若多吸收一点中国元素,我想堪培拉会成为更加繁华之都。

　　也许有人会说,其实是经济不景气啊。

　　可是,我却感觉他们怕快,节奏太慢。

现在在返回悉尼的途中，回去需要四个小时，一路风景很美。而孩子们大多进入了梦乡。

一天下来，突然想起美国黑人马丁·路德·金的一段话：一个国家的繁荣，不取决于她的国库之殷实，不取决于她的城堡之坚固，也不取决于她的公共设施之华丽，而取决于她的公民的文明素养，即在于人民所受的教育，人民的远见卓识和高尚的品格。这才是真正的利害所在，真正的力量所在。

【学生日记】 >>>

※思航

抵达堪培拉，先去了国会。在其中浏览了近40分钟，觉得有些无聊，但有个有趣的小插曲。在一面墙上有这样一句话："Some leaders are born women."陶妈要我翻译，我下意识就把"一些领导者被女人生出来"说出了口。我自己都觉得这个翻译古怪，可就是想不出正确的来。这个时候陶老师说："有些女人天生也是领导者。"我恍然大悟。这件事让我明白了两件事：①我的英语还是太差了（我竟然厚脸皮地说出来了）；②英语是有生命的，它并不死板僵硬，翻译不能完全按字面意思，我们应该活学活用，仔细去理解。

※静宜

今天来到了澳大利亚花园城市——澳大利亚的首都堪培拉。和其他国家的首都比起来，堪培拉就像是一个默默无闻的小镇，坐落在一片安静的土地上，没有其他首都那样的繁华。或许像悉尼这样的大都市，更像是一个首都。但堪培拉有它自己独特的魅力，需要人们细细品味。堪培拉的道路两边是一望无际的大草原，常能看到成群的绵羊，也能看到袋鼠在草原上蹦蹦跳跳，甚是可爱，而其他国家的首都恐怕无法见到这般风景。

堪培拉并不是什么大城市，它从来不会给人带来繁华之感，但是它美得温柔，一点一滴，沁人心脾。

※小川

旅游其实是一件辛苦的事情，更何况我们是"团旅"。一上午的车行是疲惫的，真的很累，在车上睡得脖子难受，腿也很不舒服。但是在来的沿途，我们遇见了早有耳闻的袋鼠。没有笼子关着，没有人类约束，他们就这样静静地坐在路边的草地上享受着阳光。下午去了国会，从外面看上去整个建筑很宏伟，配上湛蓝的天空，整个国会显得很壮观。进去之后进行了安检，然后顺利地过去了。整个国会里面人不少，但也相当安静，我们的同学也很遵守纪律。站在决定整个澳大利亚命运的地方，想想感觉就很不一样。今天一天虽然很辛苦，但也很开心，每天都有不一样的收获。

※宋礼谙辰

今天我们去了堪培拉，我感兴趣的是大使馆，典型的中国古代风格建筑，与周边的建筑完全是不同的风格。看到后感觉很熟悉。路上我竟然看到了羊驼！这个是表情包的现象级角色啊，而且也是珍稀动物，全世界只有三百万只左右，大多数生活在南美洲，少部分生活在澳大利亚。

———————2017年7月3日

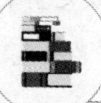 # 墨尔本，为什么会感觉如此亲切

【妙如随记】 >>>

墨尔本，为什么感觉如此亲切？

因为这里有与我有缘的孩子。

这里有我作为《湖南教育》国际教育栏目主持时做过专访的留澳学生——2007年从同升湖实验学校毕业的邱翔同学。

因为他，我对墨尔本有了多一些的了解。

随行聚力，是墨尔本的城市口号，它是古罗马诗人维吉尔的叙事诗《埃涅阿斯纪》中的一句，意思是随着传播而越来越有力。

墨尔本雅拉河王子桥上，也有随行聚力这一句。这句话其实是源于爱情，双方分别是 Dino 和 Aeneas。Loeb 是这样翻译这句拉丁文的："流言飞传利比亚各城。种种罪恶之谣，越传愈快，随行聚力；初始惊慌，迅及天堂，压向地面。" Dino 和 Aeneas 两人在罗马史上均赫赫有名。

Dino 是迦太基女王，Aeneas 是特洛伊之战的英雄、幸存者、未来的罗马奠基人。

Dino 醉心于 Aeneas，说过 "Make me immortal with a kiss（一吻恒久远）"的经典名句。

来之前，邱翔问要不要到墨尔本大学参观。我说，我们行程有安排。但昨天

与导游联系，她说放假，安排不了，只能在外面看一下。于是，我告知了邱翔，几个小时之后，邱翔发来了安排（安排表略）：

陶老师，我大概拟了一下明天参观"墨大"的行程。同升湖实验学校校友粟绎丹也刚在"墨大"完成硕士学位。我们会一起陪您和同学们参观！绎丹非常优秀，会给学生们带来很多分享的！还有舒海……

在车上，导游看了安排，说太有面子了，她带的团从来就没有进到里面去过。

我说，我们学校毕业的孩子们在这里发展。

下午去菲利普岛看企鹅回巢。

导游在车上反复说，这是冬天，能回来多少企鹅不是人能控制的，所以能看到两三只就很不错了。

上天从来眷顾真诚的人，第一波企鹅从我的左边上来，整整齐齐十多只。一会儿，右边海浪又送上来一队……

我准备往回走，碰到思航说他视力不好，没看到，有点遗憾。我问静宜、伊人等也说没看到。于是，我们往下走，走到了最低端，刚坐下，海浪就把可爱的企鹅们一波一波送上来……

在往回走的木道两边都是企鹅的巢，还有一条小道，企鹅们成群结队地往家走。

导游说不能拍照，会把企鹅眼睛弄伤。黑压压的人群，安安静静，随着企鹅的移动而移动……

之前一直下雨，地上有水。此时，风静雨停，天渐黑，月亮星星欣赏着我们。

好一份静美！

好一种浪漫！

我们在海边吃了晚餐。然后返回墨尔本。

下车时，思航同学依然走在最后，做车上的保洁工作。

【学生日记】

※思航

我们在菲利普岛的一个海湾，观看企鹅归巢。值得一提的是，我们从起点到目的地来回需要六个小时，只是为了这不到一小时的观看时间，还有免费赠送能让你瑟瑟发抖的温度与凛冽的海风。看上去是笔稳亏不赚的交易。不过当我一个人静下心来聆听此起彼伏的海潮声时，当我看到那一只只憨态可掬的小企鹅成群结队找小窝的时候，我就觉得不虚此行了……

到这个国家后，看了这几个城市后，我的心都静下来了，不复往日的浮躁与急躁。也是因为这样，生活里、旅途上一点一滴的美丽与温馨我也能真真切切地感受到了。

※静宜

今天中午的豆腐有了辣椒，终于有了家的味道。享受完午餐，就是去看世界难得的奇观——企鹅归巢，这是只有在这里才能欣赏到的风景。看的人太多，坐了一圈又一圈，显然大家都想近距离观看企鹅归巢的过程。我们先是站在后面，看海浪一层又一层、一波又一波地拍打过来。冰冷的海风吹得我们直发抖，等了许久，不见一只企鹅。于是我们又走近了一点，看到了一个走动的身影，一阵惊喜过后，却发现这是海鸥。后来，陶妈把我们叫了下去，等了一小会儿后，终于出现了企鹅，它们成群结队地扭着身子走上海岸，一摇一摆的，甚是可爱。看到它们的那一瞬间，我突然觉得自己之前的辛苦都是值得的，一种幸福感和满足感油然而生。大自然真是奇妙。

2017年7月4日

在"墨大",学霸分享

【妙如随记】 >>>

导游说天气预报有雨,而现在意外的阳光灿烂。

十点十分,邱翔、粟绎丹等同升湖实验学校的学长、学姐在"墨大"10号门迎接我们。

在小型接待厅,学长邱翔邀请了几位中国学霸级人物和同学们交流。

首先是在中国清华大学毕业、在"墨大"博士毕业的陶乐夫同志。他分享了从清华到"墨大"的感受,强调中国基础教育是很好的,只有打好基础,才能建更高的楼。

接着,是邱翔在"墨大"的本科同学、博士毕业的吴凡同学。他特别强调,留学的第一要义是自律。

之后是北大毕业、在"墨大"读完化学博士的赵庆虎同志。他说,做学问、做研究来这里很好。

美丽的粟绎丹同学,介绍自己是2009届同升湖实验学校文科楼毕业的学生,是成俊杰老师班上的学生。她来这里学习的体会是,只有真正独立才能完成自己的计划。

最后,邱翔非常风趣地说,他开始在同升湖实验学校读书的时候,在座的学弟学妹们还没有出生。介绍了自己来这里的情况,他就请大家提问,他们几个逐一回答。

之后,邱翔、粟绎丹两人做向导,带我们参观了几个学院,还带我们深入入学中心、教务中心了解了入学、选课等情况。"墨大"老师做了介绍。

我们还参观了昨日表中安排的所有地方……

一路上,孩子们问这问那……

导游来自中国北京。她说,这些孩子多年之后会知道,今天这个接待有多么高端。

其实,不用多年,现在孩子们就知道了。多年后,若他们留学海外,有校友到,有故乡人到,他们也会像今天的学长学姐们一样,去接待学弟学妹们。

文化就是这样传承的……

再次感谢邱翔、绎丹、吴凡、庆虎、乐夫同志的热情接待。

下午逛奥特莱斯,我坐在休息区休息。邱翔发来在奥特莱斯的照片。

然后,我们又乘车去参观了库克船长的小屋。

整座小屋的一砖一瓦都是从英国搬过来的,是为了纪念库克发现澳大利亚。

小屋很小,很精致,琴棋书画都有,很有情调。

墨尔本是一个充满温情的城市!

【学生日记】>>>

※思航

或许是昨日海风太冷,今天部分同学有些感冒和不适,我也难逃"魔爪"……

上午我们在比我们大了十多岁的同升湖实验学校学长学姐的带领下参观了墨尔本大学。学校很大,环境也非常好,比起堪培拉的澳大利亚国立大学,这里更加热闹舒适。我们去了里面的图书馆、电影院和学生服务招待所等。在学校报名处,我、陶老师、静宜、嘉骏一起听了学校工作人员对墨尔本大学的介绍。她详细讲述了墨尔本大学的专业范围,还有如何自己查找有效信息……本来我还当自己是来澳大利亚旅游的,这样一来我终于醒悟,我还是来"搞学习"的啊!

话说过不了几天就要去寄宿家庭和当地的人一起上学了,想想就很刺激。

※静

很高兴看到了墨尔本大学的几位学长学姐。听完学长学姐的分享，我有些想法：怎样的人生态度决定怎样的人生路径吧。大学出国、高中出国、读完大学出国，都有好有坏，所以还是看自己的选择。而后，我们去看了库克船长的小屋。几个同学在宽敞的大路上走着，路的两边被零零落落的黄叶覆盖，空气中带着凉意，但更多的是我们温暖的欢声笑语。

※静宜

不同于昨天，今天白天的墨尔本天气很好，没有冰冷的风和雨，取而代之的是温暖的阳光。早上，我们的邱翔学长和粟绎丹学姐带我们到墨尔本大学进行参观，而这个参观并不是走马观花，而是同时在给我们分享许多珍贵的留学经验。

※小川

学长学姐们给我们轮流分享了自己的经历。让我感触很深的是关于独立与自控的问题。在国外没有人会时时刻刻督促你，全靠自律。在学习上没有人会催你写作业复习功课。同时你还要为自己的生活操心，不只是平时自己叠叠被子、洗洗衣服，还有租房、社交等等。其实这并不是什么很难的事情，但是身处异国，很多简单的事情会在心理、语言的阻碍下变得困难。参观完墨尔本大学后，我们沿路离开。在这个过程中其实我是腿疼得挺厉害的，然后嘉骏和文鼎主动提出背我，我也很乐意，虽然他们把我背得很难受，但还是很感谢他们。下午去逛了奥特莱斯，还参观了库克船长的小屋。我们没有进小屋，但从外面看，小屋确实很小，但是建筑的风格让人很舒服。晚上回宾馆的时候，所有人都筋疲力尽了。

※宋礼谙辰

看了库克船长的小屋，小屋周围都是大树，大树已经掉叶子了。张老师和陶妈想要进小屋，就让我去买票。到了买票的地方我用英语与售票员交流，和他们闲聊了下。我说我英语不好，但他们都称赞我的英语很好。一位澳大利亚阿姨问我是哪里人，我说我来自中国，她说："My Chinese is very very bad. I just know the '你好'。"我笑了笑，拿着两张票和找来的钱向他们告别。把票和钱交给老师后我就开始四处走走，看看周围的风景，可惜手机没电了，不能记录这些美好的时刻。

※伊人

我们去了很多地方,我喜欢他们的介绍。多了解一下还是有益处的。学长给我们邀请了几位在这里学习的人,有博士,也有硕士,都是有着高学历的人。他们告诉我们,在这里学习,很累而且也比较贵。在这里,不仅成绩要好,还要有很多课外的实践,比如在公司实习、在外面野营或者爬山之类的。这里也特别注重体育,因为身体素质也是很重要的。我比较喜欢这里,因为这里自由但遵守制度,不只看成绩而是看综合。来这里,学了很多,看了很多,了解了很多,知道这里是一个风景美、学风好的地方。非常感谢我们的学长和学姐能够给我们这么珍贵的分享。

※文鼎

今天有点冷,我冒着凉风进入了墨尔本大学,在那里遇见了一些学长学姐。澳大利亚和美国都是我想去的地方,这次去"墨大"收获不少,知道了国外留学需要关注的东西,以及如何选课、教学模式以及假期的安排等。我们还去了库克船长的小屋,那也是个很有意思的地方(要门票)。

2017年7月5日

 到布里斯班，到寄宿家庭

【妙如随记】 >>>

十点二十分，我们到了布里斯班，自由烧烤。我吃了热狗。然后我们到了UIL（联合语言学院）——一个语言培训学校。

学生从 12∶45 开始英语考试，到 15∶00 结束。

考试是为了摸清楚学生情况再施教。

他们考试时，我们了解了安排。

这儿的学习规矩是每节课四十分钟。

然后我们分配了寄宿家庭。

我们所在的寄宿家庭住了五个孩子，都很不错。

晚餐时我们交流了一些特别的问题。

【学生日记】 >>>

※ 小川

今天来到了布里斯班。布里斯班很暖和，让还有点生病的我感到舒适。下飞机的时候听说要进行考试，开始的时候我是拒绝的，觉得到了澳大利亚还不放过我们。但到了学校后，发现考试不算很难，比较顺利。随后，司磊老师为我们进行了接下来二十多天行程和寄宿家庭的注意事项的讲解。下午四点多的时候，我

终于见到了我的寄宿家庭的爸爸妈妈。他们都非常热情,而且家里还住着一个从日本来留学的小姐姐。她很可爱,我们相谈甚欢,聊到了食物、家庭、教育等等。晚餐前我们做了祷告,然后开始吃饭。饭菜很合胃口。寄宿家庭的爸爸妈妈也很照顾我们。今天是一个新的开始。

※嘉骏

来到布里斯班也就意味着我们即将入住寄宿家庭,这使我一度紧张,所幸他们待我们非常温和,没有一点点的不耐烦。男主人 Neil 和女主人 Cathy 都很热心地教我们使用家里的各个器具。和在美国的沉默寡言相比,这次我破天荒地和他们聊了许多。也许我的英语水平还不够好,但我依然努力地去听懂每一句话,然后回答。对于我在语法上的错误,他们也予以纠正。很期待接下来的生活。

※伊人

我们入住寄宿家庭。我和静宜在一个家庭,家里还有一个日本小姐姐,还有可爱的宠物,很幸运。和日本的小姐姐聊了会儿天,虽然她有点腼腆,但是很友好。澳大利亚的"妈妈"也非常好,询问了我们关于生活方面的喜好,比如不吃什么或者喜欢喝什么,还特别细致地做了笔记。真的特别感动。我们七点吃了晚餐,很开心,没有不适应,特别喜欢这里。还有这个房子的装饰也特别温馨,东西比较中式而且随意,但是非常干净整洁,我爱上了这里的装饰。有一只叫 James 的猫和一只叫 Coco 的狗,都很可爱。三个留学生友好相处,还有一个很关心我们的"妈妈",真的太幸福和完美了!

※静宜

下午,我们来到了 UIL(联合语言学院)——我们上课的学校。特别惊喜的是,在这里碰到了许多来自日本的小哥哥和小姐姐。因为我的偶像在日本的关系,就特别想学日语,这个机会我一点也不想放过。可惜我们有一场英语测试,就没有太多机会和他们接触了。英语测试很简单,感觉回到了初中,那个对于英语自我感觉最良好的时候,所以我写得也比较快。英语测试后又是司老师对我们进行一些关于寄宿家庭注意事项、学校规章制度等的培训。虽然听得很困,但是还是坚持认真听完了!最开心的一点就是,我们的寄宿家庭里有一个日本的小姐姐,我还对她说了几句日文,她也非常惊喜。在这里不仅能学到英文,还能学到日语，超幸福啊。

今天一天虽然很累，但是很开心，明天还想去多交一些日本朋友呢。

※静

看够了花样的风景，也是该看看整齐的课本文字了。初到布里斯班，迎接我们的是暖人的阳光，让人心情舒畅。接着我们去了学校对面的草地上吃烧烤。都是同学和老师亲自下厨，大家有秩序地排队，很有意思。然后我们进行了考试分班，有点紧张，可能是因为重视吧。不过出乎意料的是，不是很难。接着我们听了很久东北大汉司老师的讲话，很久很枯燥，但很重要，所以我很认真地听了那些规则。毕竟自由的前提是遵守规则嘛。晚上，我到了我的寄宿家庭，很兴奋很开心。"爸爸妈妈"都很友善，还有一个日本的小姐姐，同样对我们很好。对之后的生活充满了期待。

———————————————————— 2017 年 7 月 6 日

远离了那一份繁华

 >>>

一

百鸟齐鸣,唤醒了甜睡中的我。
我们在晨曦中漫步,鸣音声声相和。
好一片静美的田园!
想起了老祖宗陶渊明"采菊东篱下,悠然见南山"的诗句来。
这里没有山,也少见水,却也能让心安静下来。
这大概就是修身明性吧!

二

很多东西要能持久,因地制宜、因材施教是很有必要的。
设置不同层次的体验班是很关键的。
各取所需!
分层考试是对实力与态度的考验。
我们依据成绩把学生分为两个班,并成立了班委会,安排了日常工作。

三

澳大利亚浓烈的家庭生活气息与我们中国很相似。

寄宿家庭提供早、中、晚三餐。晚餐很热闹。

生活很简单，这是这里的人的风格。

身处田园，远离了那一份繁华，我不禁思考：

1. 什么样的思想或者知识体系，能够有效地引导人们去思考所遇或将遇的问题？
2. 什么样的环境能够让大家非常愿意生活在其中？
3. 什么样的生活方式能够让我们永远觉得生活有意义？

【学生日记】>>>

※小川

晚上回到家，寄宿家庭的妈妈给我们做好了饭菜。土豆和花菜还是比较合中国人胃口的。寄宿家庭的妈妈问我们，中国有没有好的大学。我说有。她又问，那我们为什么要出国。我回答因为中国的学生非常多，而且大部分都很会学习，总能取得高分，而我们这些成绩一般的就很难考上非常好的大学。因为英语水平有限，我只能解释这么多。但是我认为出国上学并不是为了图轻松，也并不只是因为国外对成绩要求低，而是因为我认为我可以上到好的大学，但是不能因为成绩高的人比我多，我就上不了好大学。我也有权利与能力得到优质的高等教育，成绩并不是我能力的全部。而出国就不只是学知识那么简单了，出国还需要一颗强大的心脏。因为要面对各色的人、各种各样的生活问题、语言与文化的差异，这些是非常锻炼人的。

※伊人

我们今天学习的是雅思口语，老师讲得很细致，讲了很多我们以前没有接触过的知识点。就比如钱。小费、学费、水电费等都是关于钱的不同用法，那么应该用不同的词去形容。老师把单词写在黑板上，我都认识，可是老师一问怎么用，我就错了很多。中文和英文还是有差别的。国外的教育比较自由，回答问题是不需要站起来的，而且上课比较放松，可是也需要遵守规矩。例如别人讲话的时候要安静，不能带手机，不能在教室吃零食等等，所以还是很严格的。

※静宜

今天是在 UIL 上学的第一天，仿佛现在不是暑假，早早地就起床，享用美味的早餐。今天的早餐是果酱面包，是我这几天以来吃过最好吃的早餐了。寄宿家庭的妈妈还特别贴心地把面包切成 4 小块，这样吃起来就方便一点。到了学校不久后我们就开始了上课生活。今天我们主要练习了雅思口语。老师讲得又专业又细致，比如 fee、fare、ticket、charge、bill 的区别。还有一些口语短语的替换使用，特别实用。除此之外还有书中 Part1 到 Part3 中特别需要注意的地方，以及如何回答会更好。我听了感觉受益匪浅。

※博文

昨天一个人去坐火车，在车上和外国人交流，感觉也十分顺畅。可以说来澳大利亚后我的英语水平有了很大的提高。一个人买票，一个人坐车，一个人去商店，路途上还碰到了一个传教士，交流都很顺畅。布里斯班也特别繁华，市中心人很多，只是中国人比起其他城市少了很多。在买东西的途中，我发现我的 VISA 卡掉了。后来我去找车站工作人员找卡，回来的时候我找一个外国人问路。那个外国人说我可以送你回去，还告诉我在街上要小心哪些人。那个外国人最后直接开车把我送到了家门口。这次单独一个人出来感受很深。自己一个人在外面，你有时候会感觉到十分无助。然后我丢失了我的 VISA 卡。这是我犯的错误，也算是我的一个教训。我征得寄宿家庭妈妈同意一个人外出，却没有告诉老师，出现了问题却要找老师解决。澳大利亚人特别热情，在路上看手机的人也特别少。我觉得这次感受十分深刻，这次单独出去可以说是有好有坏。

※文鼎

今天是来到 UIL 上课的第一天。一上课他们就收了我们的手机。这里的校规也和中国的不同，更加繁琐一些，比如只可以在特定的地方吃东西，九点半之前必须上床睡觉，洗澡不得超过三分钟，等等。作为刚刚来到这里的人，我感觉很不习惯，不过入乡随俗吧。午饭是三明治——减肥的好帮手。澳大利亚的风景也很好，蓝天白云，让人感觉很放松。

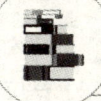 等待，平淡，缘 ———————— 2017年7月7日

【妙如随记】 >>>

一

雅思成绩今天出来了。

在我身边的孩子一个个查了成绩，没有一个很高兴的。见到我都是说考得不好。只有静宜说运气好一点。

也好，我当不知道。

仔细对比了去年考试的成绩，这个成绩已经非常不错。

孩子们，还是一句话，进步是实力与态度的产物。

这只是一个起点。

此时，才是新一轮学习的开始。

感谢三位任课老师，感谢张主任的不断鞭策，感谢教务办、外事办、外教的倾情扶助！感谢校长的不断指导！

感谢所有！

二

在这里，生活简单，用度节俭，交往热情。

米饭、蘑菇、菜叶、酱等混合在一起，盛到盘子里，这便是晚餐。

牛奶、麦片等，这便是早餐。

昨晚多煮的饭菜，就是今天的中餐。

若昨天没有吃完，那就今天吃。

先用冰箱冻着存放。

三

我因手机充电，坐在门厅角落处。

见到从楼上走下来两位男士，一位是接待我们的负责人之一，另一位不认识。

我抬头，他们点头。

我不认识的人停住，和我打招呼，我回答了他简单的问候。他拿出名片送给了我，我没有准备名片，便将包中随身带的一本《最美易经》送给了他。

他有点惊讶，用中文说谢谢，并与我合了影。

我刚坐下，司老师边打电话边从楼上下来，问我："你有什么话要和我们董事长说吗？他说过两天再来和你聊。"

我说："刚才那是你们董事长吗？我没什么话要说，他送了我一张名片，我送了一本我和我们国际部张主任编的《最美易经》给他。"

我从口袋拿出名片，看到：休·瑞奇，董事会主席。

一切都是缘！

同升湖实验学校国际部上上届黛微同学来看我们，说周末陪大家玩。

同升校友处处情。

【学生日记】 >>>

※伊人

今天陶妈问我成绩，我真的是说不出口。本来我很自信，觉得口语、听力会进步，结果没有，其他的还退步了。六分在别人看来很不错。但是，与上一次成绩对比之后，感觉自己一直停留在原地。我恨自己不争气。没办法。自己的问题自己解决吧。

※静宜

这一天，我不知盼了多久，既想知道成绩，又害怕知道成绩。今天是雅思成绩公布日。我心里五味杂陈，不敢想象结果。

一个上午就这么匆匆过去了，到了下午1点时（下午2点查成绩），我身边的同学都不禁兴奋起来了，也包括我自己。此时的我已无心听课，就这么盯着墙上的钟，看着指针一点一点地转动。随着时间一分一秒地过去，我的内心也越来越紧张，到了下午1点55分的时候，我拿着手机到厕所里，想一个人静静地看成绩。越是临近下午2点，我内心的紧张愈发强烈，心跳越来越快。终于到了下午2点，不知道是厕所信号不好还是查成绩的人太多了，那个网页就是进不去，刷新了好几遍。我感觉我已经控制不住自己激动的心情了，太折磨人了。终于，点开成绩，第一眼就看到了总分6.5，我不敢相信，揉了揉眼睛，又看了单科成绩，阅读、听力超常发挥，写作有进步！努力没有白费。我几乎不敢相信我的眼睛！

对于这次成绩我很满意了，但是我不能骄傲，因为它离我的目标还有一段距离，我要继续努力！

※思航

"还有一个小时，同学们……"

"只有30分钟了啊……"

"快了！快了！十分钟！"

"我的天啊，只有两分钟了，同志们手机准备好……"

"10，9，8，7，6……"

今天下午我们就是在这样一次次的报时声中度过的，期待看到雅思成绩却又有些害怕。希望理想的分数如期而至，又担心考得不好。我想每个人心里都是这么想的吧。时间到了之后，我一个人躲在厕所里看了看成绩，无悲无喜。5.5分，比上次进步了0.5分。

单科成绩变化如下：听力从5分进步到5.5分；阅读从5分进步到6分；写作从5分进步到5.5分；口语从4.5分进步到5分。

很明显，每一项都至少进步了0.5分。这或许就是这一个学期努力的结果吧。但是，这还远远不够，我一直以为自己能够得6分，但还是高估了自己。我会更加努力,下个学期的雅思学习,打死都不认怂,下次的目标是6.5分。加油!

我一直都相信:结果所带给我们的,应该是新的开始,而不是结束。知道分数后的沉着与冷静,客观的分析与探究,正确的定位与计划,才是我们真正需要的……

※久盛

当看到雅思成绩的时候,我犹如大冷天被泼了一盆冷水。

本来以为自己能拿7分的,结果只拿了6.5分。每一科都比自己的目标要差。

客观原因是这次确实比较难。

主观原因是写作写得有点乱,阅读和听力没有发挥出自己的优势,然后考试时心不静。

下个学期最后一次机会。背水一战。誓拿7分!

2017年7月8日

在动物园

 【妙如随记】 >>>

上午到了动物园。

袋鼠、考拉、火鸡、蛇……动物种类很多。孩子们进了动物园,大多欢快起来。

我拍了许多孩子的照片,并传给了他们。

我独自寻找水源,便到了河边。这里是少水的国度,看到这样一条大河,人突然来了灵性。

我漫步水边,看到一位老人家坐在台阶旁看书,安静至极,想必她已经沉醉在她所阅读的世界中。

我不敢打扰,生怕脚步声太大,便踮着脚尖极轻地飘过。她还是抬起了头,我微笑致歉说,对不起,打扰不是我的本意。

她含笑回答,我们是互相吸引。

我莫名地诧异!

感觉我们都在说台词。

她拍了我一张照片,说留着纪念。

我本就是过客,不能停留,便继续沿河而行。

我边看边走了十多分钟,基本上看不到什么人,心想,排队照相的那里人山人海。而这里,如此有情韵之处,却雅静至极。

走至一休息处,见一美丽的女郎在悠闲地看着书,见我走近,微笑点头,我回以微笑，并问好。我拍着河边风景，她主动说帮我拍照，有侧面的，有正面的……

刚拍完，几个可爱的小娃娃跑过来，叫她妈妈。

她温柔地甜甜地介绍，这是她的孩子——两个女孩，一个男孩。

我蹲下，准备抱一抱那个最小的，另外两个也围了过来。他们的妈妈，那年轻的女郎拍下了那一瞬间。

生活无处不风景。

这是一个低调的人，低头在阅读，说话伴着温情……

【学生日记】 >>>

※小川

今天去了动物园，喂了袋鼠。刚开始有点害怕，但是看思航和伊人他们很快就和袋鼠们玩在了一起，所以我也试了试，感觉还不错，虽然很痒。中午去了市中心吃东西、逛街。每次只要和伊人出去就特别省心，她总是把什么事都安排得妥妥当当！

※静宜

今天是寄宿家庭妈妈的生日，所以早上起来后我们便献上了我们的祝福，对她说 Happy Birthday，她看起来也格外愉悦。

早上去了动物园，看到了许多在国内见不到的动物。最具代表性的就是考拉了。我们进去的时候，大部分考拉都睡得安详，缩成一团，跟块石头一样，甚是可爱。幸运的是，我们碰到了两三只醒着的考拉，它们慵懒地伸出爪子，像是在对我们挥手，又像是在伸懒腰，短手短脚的，感觉心都被"治愈"了。后来，我们又去买了一些袋鼠粮去喂袋鼠。进了袋鼠园，我们看见有的袋鼠懒散地躺在地上晒太阳，有的袋鼠在阳光下蹦蹦跳跳，虽然一眼望去很美好，但实际上遍地都是它们的排泄物。不过喂袋鼠还是很有趣的，当我伸出手时，两三只袋鼠争先恐后地在我手上吃食物，有时候牙齿顶到我的手，便特别痒！

比起在学校里上课，我果然还是喜欢充满活动的惬意的生活啊。

※思航

和国内不同，国外的周末超级放松，无课无作业。今天也问了寄宿家庭的妈妈。在她看来，周末就应该是给孩子出门去玩的。可是这也是因为这里地广人稀，没有我们国家那么大的竞争压力。在中国若要脱颖而出，就得付出比别人多几倍的努力。加油！

※嘉骏

不知为何，感觉乌鸦在澳洲很常见，而当地人也习以为常。在中国，乌鸦是不祥的象征，但澳洲人似乎不是这么看的（我还没问，只是初步地猜测）。不得不说，乌鸦还是很聪明的。早晨来学校时，看见一只乌鸦拖着一个看形状应该是果子的东西，一点点地拖到路边，然后又飞到一旁静候着，等车子到来把果子压碎。

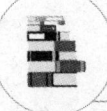

Warner Bros. Movie World

———— 2017年7月9日

📝 【妙如随记】>>>

去一个没到过的地方玩，在那儿所有能玩的东西你都玩过了，你的感觉会怎样？

不同的年龄有不同的反应！

那4D电影，简直太过时了，可是排队去看的人络绎不绝……

那大大小小的过山车，那跳楼机，那一切玩的设施都没有以前玩过的那么惊险，那么刺激，那么高配……

可是，大人小孩玩了又玩，乐此不疲……

那儿童汽车馆，那轨道火车，一拨一拨的，大人小孩在排队等候……

玩来玩去，转来转去，突然明白——这就是个玩的地方！

不在于玩的东西有多豪华，重要的是跟谁一起玩。就如同吃什么并不重要，重要的是和谁在一块儿吃一样。

真的只是在玩吗？

那些大人带着孩子排队。三五岁的孩子在开汽车，都在规定的道路上追赶、超越。大人们在旁边拍照，录像，鼓励……

五六岁的孩子，坐过山车（儿童版的）。一车的小孩，在奔腾，在翻滚，在欢笑，在尖叫……

突然想起老虎带崽，用行动给幼崽示范，怎样捕食，怎样追逐，怎样搏斗……

游乐场就是训练营!

孩子们不仅乐意接受训练,而且主动接受训练。

生活就是玩,玩的水平有高低,生活的水平也有高低。

选择平稳点,你就平稳点。

选择刺激点,你就刺激点。

选择不同,体验也就不同。

会玩,肯定有精彩!

标题的常规翻译——华纳兄弟的影院。

我的翻译——英雄成长的乐园。

和两名男孩子坐室内黑暗中的过山车,因为从高往下跑,一个男孩叫"吓死我了"。我因特殊原因,看清楚了整个空间就是在一个房子里分成三层环圈,由电梯运送上下摇摆翻转,便笑说,可以叫,不准说"吓死我了"。男孩马上更正"吓到我了"。我笑,男孩都如此,怎么保护女孩呀!

后来,见那男孩和几个女孩玩室外过山车,很是欢快,想想,当时可能是故意的。

【学生日记】 >>>

※小川

今天去了 Movie World,大家玩得都非常开心。公园里面不大,但是人不少。我们尝试了各种过山车,非常刺激。每种过山车都有一个主题,比如有超人主题的,有绿巨人主题的,等等。每个都有自己的特点。晚上回到寄宿家庭,先去了趟超市接寄宿家庭的妈妈,顺便买了明天的午餐。回来后,寄宿家庭的爸妈教我们如何做披萨。过程并不难,而且做出来以后味道也不错。我其实是不喜欢吃奶酪的,但是寄宿家庭的爸妈放了相当多的奶酪。我就抱着试一试的心态吃了点,没想到还不错。不过意大利面就比较偏甜了,不是很习惯,但我也要尽力适应。

※静宜

今天也是一个活动日，我们去了 Movie World。原先寄宿家庭的妈妈告诉我们这里是一个能看到电影制作过程的地方，所以我以为是一个博物馆。我穿了裙子，结果到达目的地后定睛一看，过山车在空中的轨道上飞驰，阵阵尖叫声传入耳朵，这分明就是游乐园啊！但是裙子并没有限制我的活动，我反而玩得特别起劲。一开始看了一个4D电影，虽然以前也看过类似的，但是开始没多久椅子就突然一阵抖，着实把我吓到了，但随后我也是喜笑颜开。我们的目标可不仅限于此，我们追求刺激！所以之后我们基本把能尝试的刺激项目都玩了个遍，其中最有趣的就是垂直过山车了。过山车刚开始的时候我们经过了一长段黑暗的隧道，伸手不见五指，感觉也挺漫长，终于到了能见到光明的地方，然后我们就在那里停下了，随后听到一个声音："Be a superman. Three, two, one."话音刚落，我们就一下子冲出去了，之后我都不知道怎么度过的，唯一有感觉的就是到了垂直轨道的那个地方，速度特别快，我还没反应过来，过山车已经结束了。因为速度太快了，所以没有太大感觉，但是特别好玩。之后我又去玩了其他的刺激项目，拍了许多照片。

※思航

我们一行有八人。我们一起玩了许多刺激的游乐设施，如360°大摆锤，不同种类的过山车……每次"挑战"之前，总会有人手脚发抖，排队排到一半听到别人在天上尖叫就想掉头就跑。这时她就被我们一帮好兄弟拦下来，经过我们一番语重心长的劝导与鼓励，她又勉为其难地跟我们一起上了"贼船"，然后尖叫不断。不过结束以后都发现其实没那么恐怖，只是心里太害怕……

同样的道理，在学习上，考雅思之前很紧张，考的时候很害怕，考完之后感觉就是"这就没了？Easy，完美，谁能挡我考6分！"考完成绩出来才发现只有5.5分……

※静

清晨伴着阳光来到了 Movie World。本来以为是来看电影。到了才发现原来这么刺激。其实大部分的娱乐设施，我都是被爸妈禁止玩的，但是我觉得我的力量一定比他们想象的要多得多。而且我始终相信，人的潜力是无限的，不过需要给自己一个不服输的念想。最终我们把所有的过山车都坐了一遍。下午我们便在游乐园里面走了走,看看了风景和那些纪念品商店。晚上,寄宿家庭的爸爸妈妈还让我们一起试试怎么做披萨。其实下厨真的不是很难,我对此充满了兴趣,但是要学一定先学中餐。不然怎么对得起爸爸妈妈姐姐弟弟的中国胃呢。

※文鼎

今天去了 Movie World,类似于美国的环球影城。里面有各种主题的游乐设施,还原的 Coser 甚至连电影里的蝙蝠车都可以开出来,一切都非常给力。我们一共玩了两个过山车。第一个过山车速度非常快,非常刺激,其造型是超人推着我们坐着的"地铁",所以速度也是没得说。第二个过山车是绿灯侠的过山车,非常恐怖,看着它扭曲的轨道,我就瑟瑟发抖了。一天下来还是非常开心的。

【再读之悟】 >>>

现在的家长似乎一致地认为生活就是赛跑。如果你软弱退缩,那么你就是在认输;如果你拒绝前行,那你就是在逃避。"生活就是玩",陶老师总能从玩中看出不一样的价值。

寻一处桃花源、一处桃花坞、一处桃花庵,做一个桃花树下的桃花仙。悠然自得,想玩啥就玩啥。这也许就是唐伯虎心里所追求的。

虽然我们无法真的如桃花仙那般轻松自在,但是我们也可以将自己的生活经营出一种闲适。就如张志和一样将渔樵的枯燥劳累化成诗意。

当我们选择了快乐的生活,就会有更高的生活品质。追寻心灵的那片纯真。我们会发现,自己所探索到的东西也会与常人不同。

余果

---------- 2017 年 7 月 10 日

 幸福感从何而来

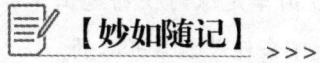

一

技术是用来生存的！

高质量的生活，不仅仅依靠技术！它更需要梦想！

二

4 点多就醒来了，睁着眼睛……

5 点 40 分寄宿家庭敲门，我要出发了！

今天早上车只送我一个（丹丹要 8 点多才走），寄宿家庭家长 John 送的我，他是牧师，女主人也是牧师。

车上只有两个人，不能一句话都不说，于是我问了一个问题："您对自己从事的职业有什么看法？"

John 微笑着回答，大概意思有 4 点：

1. 这是一个很棒的职业，他很享受他的职业。就像我享受教师这一职业一样。

2. 他觉得他的职业可以帮助很多人脱离痛苦。

3. 他能将主的爱传播给更多的人，更多的人会更爱主。

4. 他还能有固定的收入，使生活比较稳定。虽然不富有，但很满足。

听得不是很全，大概就这几个意思。之后，我又赞美了一下他，说："看到您家庭的温馨，孩子们的和谐，我觉得您是一位非常优秀的父亲！"

John 笑得更甜了，连说谢谢，并问起我的一些情况来。例如有几个孩子，孩子几岁了……

三

集合时间是 6：15，24 名学生全体都到了！

车没有到！

想睡的坐着睡了，没睡的玩着手机。

UIL 的老师 Gary 很着急，走来走去。

7：10 车来了。

大家上车。

Gary 平时和丹丹聊天，今天丹丹不在，只好和我聊天。我又问了一个同样的问题，他如何看待他的职业。他的回答很简单——很棒的职业，和学生在一块儿挺满足的。

当说到今天的安排的时候，静宜与他交流起来。

静宜将组分好。她带一组，我带一组。

之前问两位男同志关于自己职业的感受，回答都是很棒的职业，很享受，很满足。

兴起，问了一下开车的师傅，他的回答是，能为大家服务，又有不错的收入，很棒的事情！

他们的职业幸福感挺高的。

这是一群如我一般普通的民众，我想民众的心理不论种族、国家其实都是差不多的。

记得那晚和寄宿家庭的人聊天，谈到学生心里焦虑的程度的时候，他家第三个女儿说，战争的创伤影响很大，家庭不稳定的影响最大！

布里斯班的郊外的生活状态基本上是以休息为主，工作只是生活的补充。

奋斗的人老了的时候，来这里度假很安适！

四

学生做手工，我带的这一组，瑞程负责。

上午做完后，我和指导老师说，每名学生都要用英语分享自己创作的人物。

博文和琪井主持。

每一名孩子都做了展示。

刘雄同学还请博文做了翻译。

博文表现很不错。琪井总是找机会和老师说话。

中途，Gary 过来我这组，然后我和 Gary 去了静宜那组，看到孩子们很投入。

我拍了很多照片，并发给了孩子们……

【学生日记】 >>>

※伊人

今天我们五点就起床了，起来去学校集合一起出发去工作坊。我们分为了两个组，我们组一共13个人，我们选择了做餐饮服务这一块。我们先来到了一个小酒吧，准确地说是一个可以卖各种饮料的地方。我们首先学习了做柠檬汽水：先把糖浆滴几滴在杯子里，然后摇一摇，让糖浆散开，再放两个青柠，用工具一按，压出汁后导入苏打水，然后放入一片柠檬，就可以喝了。这个很简单也很好喝。后来我们又学了做奶昔、麦旋风和蓝莓酒，还有热巧克力。我比较喜欢麦旋风和奶昔，因为很好吃。制作麦旋风只需要一个榨汁机，放入冰块、冰淇淋、巧克力酱、奥利奥饼干，然后搅拌，再放点巧克力酱在杯子上画圈。最后倒入液体，再用奶油喷出裱花，就完成了。我还拍了照片给我妈妈看呢。奶昔是做法最简单也是最好喝的了。我做的是香草味的，就是将牛奶和冰淇淋，还有香草酱一起搅拌，最后变成液体。超级好喝！

今天上午做这些，很有意义，而且我自己也特别喜欢，所以我们虽然起得早，但是很满足。

【再读之悟】 >>>

幸福！一个定义广泛而特殊的词。每个人对幸福其实都有自己的观点。很多人苦苦追寻幸福，而其实幸福远在天边近在眼前。陶老师说过，幸福就是一种感觉，看到你身边的人快乐了，你也就幸福了。那幸福从何而来？我的英语老师Lucia曾经让我思考一篇雅思大作文——为什么定义幸福很难。每个人都有获得幸福的权利，上至主席、总统，下至学生、婴儿。他们获取幸福的方式却各不相同。国家领导们将国家治理好，人民都衣食无忧，也许他们就收获了幸福。老板们的幸福也许是让自己的资产升值。伟大的父母亲们让自己的儿女健康快乐地成长，就是莫大的幸福与自豪了。如果你觉得自己找不到幸福，那请别盲目寻找，停下脚步，细细品杯咖啡，回忆并思考，相信你就会发现幸福远在天边近在眼前。

奥东

闲适中的生活 ——— 2017年7月11日

【妙如随记】 >>>

布里斯班的闲适，领略了！

这里的随意也体验了！

在闲适中，再吟先祖的闲适诗。

归园田居·其三

陶渊明

种豆南山下，草盛豆苗稀。

晨兴理荒秽，带月荷锄归。

道狭草木长，夕露沾我衣。

衣沾不足惜，但使愿无违。

浅易的文字，平缓的语调，表现深刻的思想，这是先祖陶渊明的特长。语言平淡而意境醇美，这就是陶氏独特的风格。

元好问评价："一语天然万古新，豪华落尽见真淳。"

【学生日记】 >>>

※思航

今天在工作坊学的是关于艺术的内容。第一个是创意画。我们每个人有一张画有素描人头的纸，老师要我们用所给的材料（几本杂志、彩色纱布、画笔等等），创作一幅自己的剪贴色彩画。我们兴致勃勃，纷纷开始投入创作。我把杂志上所看到的有趣的东西，剪下来当作头上的装饰，还用到了昨天学会做的头冠。自我感觉做得蛮好，感叹原来自己还有这种技能。第二个是手工。我们还学做了人造"花枝玉叶"。我们用一些布料，在熨斗的高温下，将它们粘合。靠这种方法，我们做出了可变换形状并保持稳定的树叶状的艺术品。然后就是制作"花朵"，同样是用布料和熨斗，简单的材料稍微加工就成了绽放的"鲜花"……

手工的世界，就像一场魔术，动动脑，动动手，生活中平平无奇的东西就变得缤纷灿烂……

※静宜

今天是工作坊活动的第二天。早上我们在学校听了两名来自日本的实习生的经验分享。分享人是一名小哥哥和一名小姐姐。他们都有些口音，小姐姐口音要更重一点，但是这丝毫不影响他们的表达。他们表达得很流畅，能让别人明白他们讲话的内容。但是有的同学一直揪着口音这个问题不放，我想说的是，口音很多人都有，特别是在日本这个用罗马音来读英语的国度。对于他们来说发这些读音都是有难度的，他们已经很不错了。所以与其吐槽别人，不如从别人的演讲中学习经验提升自己。

听小姐姐讲话的时候，她说："我在这里遇见了许多来自亚洲国家的人，如中国、韩国、香港、菲律宾等等。"我注意到了她把香港误作为一个国家这一点。等她分享完毕后，我立即向她指出来。我对她说："你知道香港是中国的一部分吗？"她说知道。我又说："你刚刚在分享经验的时候，把中国和香港分开说了，这是不对的。因为香港不是一个独立的国家，希望你以后注意一下，好吗？"她听了以后，恍然大悟，连连道歉并表示感谢我的提醒，态度很诚恳。之后我也跟她聊了很多关于我的偶像的话题，因为我的偶像是来自日本的一个团体，刚好她也喜欢其中一个成员，所以我们聊得特别愉快。经过这件事以后，我也明白了遇到这样的事要勇敢指出来，背地里骂别人是没用的，要用行动让别人知道自己的态度。

 # 昆士兰

———— 2017年7月12日

【学生日记】 >>>

※思航

今天上午,我们参观了昆士兰的两所大学。一所是澳大利亚"八大"之一的昆士兰大学,另一所是昆士兰科技大学(不是"八大")。在我们即将离开昆士兰大学的时候,那个担任我们临时导游的女孩子(该校学生)对我们说:"我们这所大学是昆士兰最好的大学了,你接下来去的在昆士兰的大学都没我们好。"我将信将疑。到了昆士兰科技大学之后,也是一个年轻漂亮的女孩子接待了我们,她有中国和马来西亚的血统,非常乐观和有活力,让人看着就觉得很有朝气。本来我不太想来参观这所大学的,但现在我对它充满了兴趣,因为这个女孩子的一言一行,让我觉得仿佛这所学校都充满了生命的活力!

我认为一所好的大学不仅仅要资源丰富、实力强大,还在于它能培养出一个个积极向上的人才。跟着那位活力四射的小姐姐走了十几分钟,我感觉自己精神清爽了许多。

妙如回复

每一个学校的介绍者,都会夸自己学校好,但很少有人像昆士兰大学的介绍者说接下来的学校都没有他们学校好。这句话与你到了昆士兰科技大学的感受显然不同。这便给了我们启示:第一,很多事情,不要听他怎么说,要看实际是什么样的。第二,任何一种宣传都是靠人宣传的,宣传的人不一样,效果是不一样的。

※静

今天可谓是很丰富的一天，满满的行程令人惊叹。回忆今天，我都觉得不可思议，我居然做了这么多事。上午去了昆士兰科技大学，领队介绍的姐姐让我印象深刻，感觉她就像有永远用不完的活力一样，让人眼前一亮。下午去看了漫威展览馆，简直是梦中的天堂。可以说我是一个有着英雄梦的青少年，感叹于那些超级英雄一次次地保护人类，保护国家。带上盔甲我就是超级英雄，能够护你周全，卸下盔甲我就是平凡路人，我们共享欢乐。之后我们还去做了巧克力蛋糕，过程不是很复杂，但需要漫长的等待，最后试了试味道，真的不错。不过可惜的是不能带回家。

※小川

今天的行程满满当当，让人有些疲惫。上午去了昆士兰大学。"八大"不用说，是很好的学校。今天只是在校园里走走看看。校园比较空旷安静，人似乎不是很多，也许是因为这是上课时间。中午吃了简单的午餐。然后下午1点至3点在漫威的展览馆里进行了参观。其实我对漫威的漫画、电影不算熟悉，但略有耳闻，也看过几部，都是非常有正义感，非常让人向往的。像美国队长、钢铁侠、蜘蛛侠、金刚狼等都是很多孩子童年梦里的英雄，我也很喜欢。

※静宜

今天的课是做蛋糕。老师对我们的态度并不好，不知道是因为什么，表情一直很严肃，让我感觉特别不舒服，本来有点兴趣的东西突然就变得很枯燥了。但我也耐着性子认真听完了该怎么做，然后和小川、小尹子、嘉骏、思航、文鼎一组做蛋糕。在小尹子的领导下，我们配合得很完美，第一个做完。做完后就开始烤，等待并期待着我们的蛋糕。可惜，等蛋糕烤好后我们就得走了，但是我们还没品尝我们自己做的蛋糕。偷偷吃了一点后觉得异常美味，想带走，但是当我去问是否可以带走时，老师说不可以。我问为什么，她说因为蛋糕没有冷下来还不能切开。我觉得这个理由无法说服我，我没办法理解，然后我也表达了我的意思。结果她说，作为一个主厨，你不能带走。这样毫无逻辑的理由，我完全不明白，让我完全无法信服。今天真的很糟糕，但也算是另一种体验吧。

妙如回复

他们的理由你无法接受，我说一个理由，你应该能接受。你们做蛋糕的材料是他们的。他们提供材料、工具，教你制作，不让你将蛋糕带走很正常呀！难不成你做的就得归你？你说是不是？

※小现

下午，我去楼下买日用品，有人在楼底下做园艺活。我回来时依旧如此，看见他把一盆花搬过来搬过去很是辛苦。最后他把里面的杂草差不多清理完之后准备离去时，我看见里面还剩余一两株杂草，感到不解。于是，我问他为什么要留一点杂草，他告诉我留着是因为可以通过杂草的枯萎程度观察土壤的水分含量是否足够，便于加水。同时，杂草的状态也可以反映出土的肥力。

每件事都有它的道理，旁观者可能理解不到，但做这件事的人是知道其中的道理的。

※嘉骏

今天是疲惫的一天。行程还是挺丰富的，但有些丰富得过头了，感觉整个行程都是满满的，甚至压迫得我们喘不过气来。说实话，我很讨厌这种情况，但既来之，则安之，不生气是这样，生气也得这样，所以也只能接受了，把心态放好，看任何事还是要好上许多。最爱的还是去漫威展览馆。作为一名不是那么标准的漫威迷，去漫威的展览馆，我还是很兴奋的。看着那些熟悉的场景，感觉还很想再看一遍电影，也许，这就是成功之作的魅力吧。

———— 2017 年 7 月 13 日

每一个相遇之人，都是上苍赐予的礼物

 【妙如随记】 >>>

7月5日，我们就来到了布里斯班，来接我们的是 John。

他是一位很俊朗的中年男士。

到家后，我们见到了漂亮有气质的女主人，还有他们的女儿们。到今天，我们已相处了八天。

八天，就如一刹那间……

八天过去，我想说一说我所看到的。

早晨六点左右，他们会到户外跑步。七点后夫妇都在客厅看书，并做笔记！

他们没有把时间放在吃上，每餐都很简单，而且很节俭。

每个孩子自己做自己的早餐。星期五、星期六、星期日的晚餐女主人做，孩子们都回来，大家一起吃饭。

在家里，他们一家坐在一块聊天，谈笑风生，每天都是！没有看手机的人，甚至没有人拿出过手机。只见到女主人在遛狗的时候用手机。

这是一个很传统的、追求精神修养的家庭。

孩子们，每一个相遇之人，都是上苍赐予我们的礼物。他们或温馨，或冷淡，或宽容，或严格，或细心，或粗心。但这些相遇都会给你上最好的实践课，是可遇而不可求的。我们当恒以微笑，珍惜了再珍惜！

【学生日记】

※琪井

确实在家里面很难见到他们用手机,更多的是互相聊天,了解对方。这一点确实比我们做得好。但是这边的交易方式没有中国那样简便。还有,他们很讲信用,就比如说我们在寄宿家庭里,我们互相承诺的东西就必须实现,不然我们必须提前互相沟通好。还有他们也很相信我。

今天,我们和一些外国同学聊天。他们真的很热情,很喜欢聊天。不过因为我自身英语水平有限,不能很好地和他们聊天。

※博文

下午上课的时候有一个小插曲。我和两个同学在外面走动,原因是头疼。严重的是我们没有告诉老师,就直接去了操场旁的咖啡厅外面的椅子上休息,让老师十分担心。出门在外人身安全特别重要。

> **妙如回复**
> 你一个随意的行为,让那些老师紧张了许久。你来到这里,你的安全是他们的第一责任。

※天祺

昨晚寄宿家庭给我们做了鱼排。我从来不吃鱼,我很抱歉地对他们说我不吃鱼,我今天吃方便面。他们什么也没说,把我盘子里的鱼排夹到自己的盘子里,把鱼排吃完了。我很纳闷地问她:"你能吃这么多?"她笑着摇了摇头,对我说:"我从不浪费。"我顿时满脸通红,想起了在自己家里,妈妈给我做了虾,我脸拉了下来说不吃海鲜。妈妈同样什么也没有说,默默地把虾吃完。可惜那时候的我没能理解她的智慧。不能因为你不喜欢吃,就浪费。只要有人愿意做给你吃,就不能浪费。

※思航

几天的工作坊活动之后,我们又回到了宁静的学习里。今天上午只上了一节英语课,剩余的时间我们与另一所学校的同学做了交流。我们与外国同学交流,谈中国的生活和未来的理想。结束后,我们去了学校附近的一个公园吃烧烤。在烧烤摊旁,我与两个高中的帅小伙畅聊,他们给我一个很直观的印象就是对自己的未来饱含信心并且有很好的规划。在谈到专业时,他们很清晰地说出了自己对于未来大学学习以及就业的想法。而当他们反问我时,我的回答却只是还没想好将来读什么专业。找准目标是成功路上一个很重要的奠基石。一艘船失去了方向,即使马力再足也到达不了彼岸……

※曦婕

又是赶公交回家,这几天我和紫萱上学放学几乎都是和日本姐姐一起赶公交,已经渐渐熟悉了这里的生活,已经熟记,应该几点出发去公交站,坐第几路车,下了车该怎么走……这种体验,我在国内很少有。

※小现

今天是一个万里无云的好天气,我与一些朋友去植物园烧烤。我们很久以前就约定在一个这样的好天气里聚在一起。

场地租好,其他人都弄得有模有样,我于是学着他们的样子,叉上东西放在架子上烤。我一边学着他们之前的做法,他们一边在旁边指导我。但是,我最后烤出来的还是黑不溜秋的烧烤,心想还是算了,吃一点其他人烤出来的东西吧。

菜鸟和老手的区别是在实践中体现的,自己试过才知道自己是在什么样的水平,不要总看别人的做法觉得很简单,实际上自己动手方知其中的不易。

2017年7月14日

 分享，赞美，游戏

【妙如随记】 >>>

一

有朋友问我，说有老师托她问我一个问题——"陶老师，不管你有多忙，只要有人问你问题，你都会答吗"。

会的，我肯定答。

不会的，我忽悠？不会！

不会的，我会回答我暂时不知道，我可以和他一道去寻找答案。

朋友说，她当时就是这么回答那个人的。那个人当时感叹："我知道那个陶老师'越来越妙'，却依旧那么率性真实的原因了。"

我问朋友，那个人为什么问这样一个问题。

朋友说，她们在一块儿培训，在议论一位有名的老师在博客上留言："我很忙，所提问题没有时间回答，请见谅。"

很多人说，有些老师只要有了名气就开始摆架子。当时我们很多人都提到你，说你不会，你会选择和智慧的人交流，但不会拒绝任何人的提问。

我笑着说："谢谢提醒，等我哪天有了名的时候，一定不摆架子！"

"他们还托我问一个问题。"朋友又说，"遇到很幼稚的问题也答吗？一个问题问你三次，你也答吗？"

我说，我会因人而答，因问而答。

如果这个问题简单，我会从几个方面分析作答。每个方面都只有一句话或者一个例子。若这个问题很复杂，我会从几个层次去回答，逐层深入。如果同一个人同一个问题问我三次，我每一次都会从不同角度来谈自己的看法。

提问答问，其实是对自己智商、情商、语商、财商、综合能力、全局意识、幽默感的综合检测。很多人有名以后不愿意答疑，大多应该不是摆架子，而是担心时间不够，没有全面考虑，随意回答可能有失自己的高度与深度。

我只要有问就答。一是因为我本就普通，没什么可担心的。二是因为我坚持自己的看法：分享就是聚集。

每一个问题都反映一种心声、一种状态、一种取向。

即使是同一个幼稚的问题问我三遍，也能告诉我信息。可能说明我们的能力或水平停留在某一个层次。从问问题里可以了解到不同的人、不同的价值观、不同的生活目标、不同的生活方式……

大多数问题都是有其代表性的。可以从中找到事物的共性，区分出个性，把握解决问题的最准方向，寻找到简单而又能从根本上解决问题的方案。

分享是一种智慧！

分享是一种提高！

二

昨天，我写了一小段关于寄宿家庭的文章，丹丹分享给了男主人 John 和女主人听。

John 听着，激动地从墙上取下一幅画向我们介绍起来。

女主人听着，更加笑容灿烂地告诉我们，他们家墙上很多幅画都是 John 的父亲画的。

我说他们是一个有高品位的家庭时，丹丹翻译了一下。但是 John 和他夫人都没明白。

我笑着说，高品位这个词还可以翻译得更贴切些。丹丹迅速查找，然后比较，再次翻译，他们听完更是高兴。

他人对你的好，要学会传递。当着他的面说千万次好，不如写下来传出去或者在公众场合说一句感谢赞美的话！

微笑是通行证，赞美是力量源。

三

昨天和学生聊了一个话题——会玩的人都聪明，要说智慧就看你玩的层次。

玩什么？为什么玩？怎样玩？搞明白这三个问题，玩游戏那也是一门学问。

道理往往蕴含在简单中。熟悉的简单的游戏里蕴藏着常识、规律、快乐。

信息时代，物质的发展大都是快的，而人心智的成熟却是很慢的。

有时要放慢脚步，等待灵魂赶上来。

【学生日记】>>>

※思航

我姐姐要我买澳大利亚的有机婴儿食品给她小孩吃，所以我今天一下午就泡在商场找这东西。可是外国的超市又大又没有规律可寻。我在里面绕了一圈又一圈，不仅没找到这个商品，还迷了路。然后我开始寻求帮助，算一算，我起码问了7个工作人员。他们指了指这里，又指了指那里，然后吐出一大串英文（其实还是能听懂），然后我按着他们的指示走，还是在一遍又一遍地绕圈子。最后，我在这个大商场里的一个生活超市里，拿着商品图片问工作人员，终于找到了，我开心了好久。可是，在我想打道回府的时候，我发现我又迷路了……

※文鼎

今天的晚餐是溏心蛋加米饭。我和寄宿家庭的人聊得很开心。我和他们说，在中国，它叫 honey egg（因为我实在想不出什么更适合的单词了）。他们也和我分享了溏心蛋的西班牙语版本。

※静宜

今天下午 UIL 的老师给我们讲了一些明天野营的行程以及注意事项。陶妈点人起来翻译，这让一些没有认真听的同学也开始集中注意力听老师讲话，也让同学们的英语能力得到提升。之后陶妈又上台讲话,让我们上台进行同声翻译。同声翻译真的很有难度,在我们听到一句话或一段话后,我们必须立刻记住大意然后组织语言翻译出来。有时候句子太长我无法记住,有时候无法用通俗易懂的方式表达出来,所以这是训练提高我们英语水平的好方式。明天的野营我很期待!

【再读之悟】 >>>

游戏也是学习,这也是陶老师一直对我们说的。陶老师很真诚,知道就是知道,不知道就学习,愿意为跟自己有缘的人解答问题。正是因为在这样亲和的老师的指导下成长,我们才能"与之化矣",也变得纯真与上进。

余果

———————————————————————————————— 2017 年 7 月 15 日

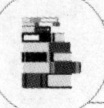 会玩也是能力

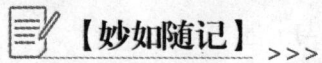

我们在野营!

一

攀岩!其实是攀墙。说得更具体是钢板墙上面钉了各种形状的小块。人抓着、踩着那些小块往上攀爬。

首先讲规则。

有几个孩子不想玩。

柏安第一个尝试,大家全看着,笑着,叫着……

中途他下来了。大汗淋漓!

不想玩的孩子增多,而且大多是男孩子!说爬不上去多丢人!

我笑着说,连试一试的勇气都没有,以后哪个女孩看得起呀!

几个男孩开始穿装备。

第二个,半途也下来了。

轮到铭峥了,他三下两下,一溜烟地就到了顶。

这下,孩子们兴趣提高了。

最后,只有一个男孩和一个女孩因特殊情况没有攀岩。

我试了,感觉还好!

二

晚上，本计划篝火晚会，结果下雨不能进行。

管理人员说要提前熄灯就寝。

我提出将手机发给学生一个小时，给家里打个电话，写写日记。他们不同意，说是和 UIL 商量好的，必须按照计划进行。要我们给学校打电话，学校说发，他们就发。

我说现在下雨，按照计划应该是篝火晚会，现在搭个棚进行篝火晚会显然做不到。可以变通一下。手机只发给孩子们一个小时。

结果，管理的人还是坚持没有学校指示不能发。

三个组的孩子直接就回寝了，还有一组玩狼人杀游戏。初中孩子玩了一会儿纸牌。

女生回寝后，我逐一嘱咐将门反锁。然后我回了我的 21 号房。

一会儿，有敲门声。

开门看，是伊人、静宜、小川三人。

我问："有什么事吗？"

她们说："只是看看您。"

我笑着说："几个乖女孩。"

她们说："您不生气？"

我说："我生什么气呀，我只是想给你们多争取一点自由。"

她们又说："您真的不生气？"

我又说："嘿嘿，你们不生气，我哪来的气呀？真正的高贵不是优于别人，而是优于过去的自己。中国就是一杯水，什么都可以融化。用中国的视角看全球，用全球的视野看中国，才能真正成为国际人才。"

几个孩子笑着说："我们睡觉去了。"

三

负责管理人拉滑索活动的是一个日本老师和一个中国老师。

分组是日本老师分的。走到目的地听营地人员讲解规则后，我对思航和文鼎说，等一下女娃们多的那一组就辛苦了。

分组有学问。这样需要体力协助的活动，男女生要均匀搭配。

同样的游戏活动，玩法不同，趣味不同。

一个人"上天"，至少要七名"纤夫"，重的要九个、十个、十一个。

十七个孩子，每人"上天"一次，至少需要一百一十九人次跑，平均每人至少要跑多少次呢？

有孩子恐高。我说，我试一试。我试玩后，孩子们除一个人外，都玩了。并且，我说了克服恐高的方法，并建议刚"上天"的同学不拉，休息一下后再拉。

其中，宋礼谙辰跑了 15 次，嘉骏跑了 13 次，文鼎跑了 11 次……

很多时候，人们发现有差异就说是文化的差异，其实我认为无关乎文化，而是思维与格局不同。

四

一直对在澳大利亚捕鱼要带着尺子这件事很感兴趣。

看到过关于澳大利亚捕鱼的材料，说是没到尺寸的鱼捕到也会放回大海。对此，我从没有怀疑过。

还听说，小孩没有钓鱼证，不能钓鱼，等等。

今天到了海边，看到无数钓鱼的人。大人，小孩，一家一家颇有闲情。

听说，在这里钓鱼，小孩可以跟着大人钓。

还有我看到有的情况与材料内容相去甚远。

很多从头到尾不到五寸长的鱼也被钓起来了，有一条只有两三寸长。但没有被放回大海。

我拍了几张照片……

【学生日记】>>>

※余果

这两天我应该可以抢到"一楼"（指网上文章的第一个回复），毕竟同学们都在开心地野营，手机什么的都不重要了。我从同学们的照片中看出，他们是真的很开心。祝他们玩得开心！老师们也是！玩得幸福是再好不过了！但是一定要注意安全！

为了准备经济论坛，我和爸妈花了一上午的时间去挑选西装，看了很久，选了很久。我发现，习惯了穿宽松运动服的我，穿西装还是有点不适应的。我妈说："穿西装其实是在约束你，使你的言行举止更加得体，西装是绅士的专利。"

当我穿上西装的那一刻，我要成为一名出色的绅士！

※思航

昨天上午我们来到这个地方之后，营地里的工作人员先是带我们在这个超级大的生态园里走了一圈，感觉环境是超级好啊！听寒假去美国野营过的同学说："睡觉的地方就是一间'小黑屋'，丢给你一个睡袋让你去睡……"一直都有些担心，生怕大晚上的跟澳大利亚的小动物们同床共枕。不过事实上，住宿条件真心不错，让人感觉挺舒服的……

昨天下午我们去攀岩了。其实就是一面高墙，上面用钉子固定了许多石头模样的东西。墙有将近十米高，听起来不算高，可爬过的人才懂得那是怎样的体验。爬过之后，看别人爬过之后，觉得攀岩这项运动和手臂力量、体重、体型有着重要的关系。即使有许多的外在因素，但每一个人都在竭尽所能地向上爬。踩空了，手滑了，没力气了，也没有说出那一句"Let me down"，而是休整一下便继续往前。不论结果如何，只要有这一份坚强不服输的劲头，我们就都是胜者！

※瑾萱

昨日，我们一起开启了两日的野营之旅！在这整个旅程中，我最喜欢的活动就数昨天进行的攀岩与速降活动。这两项活动极具挑战性，需要足够的勇气与体力。

在攀岩这个活动中，当时站在下面的我，抬头仰望那高大的攀岩板时，心里的确认为那并不高，但是实际情况却并不是那么理想。在我攀岩的过程中，我每走一步都是十分艰辛，十分吃力。而且我还时不时往下张望，本以为自己已经成功了一大半，没想到我其实只走了一小段……这让我觉得这是一件很困难的事情。当你自己在高处时，你只能往上看，因为你的身旁无一人陪伴，你是十分无助的！你只能自己拼命往上爬，往上冲。你要相信自己一定能行！心中要时刻提醒自己：我能行！

※心怡

吃了午餐就去攀岩了。我担心自己有点恐高，但又想趁机会锻炼自己。正因为有这个目标，我果断地排起了队。到了我时，我很兴奋，也很紧张，这是我第一次攀岩，想瞧一瞧自己的实力。我开始尝试如何爬上去，我踩着那些小块，找到合适的落脚点，一步一步爬着。下面有人在为我打气，我就充满了信心。当我爬到一半时，我觉得很累，也没有地方休息，但是就是有一股"犟气"。有人开始在劝我下来，觉得我希望不大，也有人兴致勃勃地给我"指路"。"路"不好走，但是我要像蜗牛一样，一步一步慢慢往上爬。最后，我到达顶峰时，已经筋疲力尽了。因为恐高，我不敢往下看，但是还是顺利地降落了。虽然花的时间长了些，但是我没有放弃，我没有遗憾。把握好机会很重要。我相信，下次的自己会更棒！

※嘉骏

在营地的第一天，我们做了许多有趣的活动，有攀岩，有速降。让我印象最深刻的还是攀岩。攀岩是很难的活动。在攀岩过程中，你可以停留在原地，甚至可以向下一点点，这叫看清形势。但只能一点点，如果多了，就会产生一种反正坚持不住就往后退的心理。这就像一个小型的人生。在人生路上你可以退半步去看清局势，但绝对不能再后退了。古有项羽破釜沉舟，今天，我们也要做出行动，勇往直前。

第二天还好，就是给人拉绳索"上天"的时候跑了太多次了，所以觉得有些恶心，也有些头晕目眩，所以就没有尝试了。射箭也还好，只是有些乏味，毕竟射箭虽然一开始很新奇可以吸引大家的注意，但渐渐地就让人觉得没意思了。

※伊人

说实话，来到野营的地方，有惊喜也有失望之处。惊喜的是，我们的住宿很好。

可是失望真的有很多，比如吃东西是强制性的，就会闹得很不愉快。每个人有自己的胃口，强制别人吃，岂不是会浪费。还有，玩项目，明明可以玩得更加顺畅，更加有效率，可是那些老师一点也不听我们的建议。我们说出我们的想法，便是觉得我们不尊重他们。其实作为一个学生，对澳大利亚的老师我真的无话可说，已经不想和他们交流了。因为如果人不会变通，只会以老师的身份命令你，即便是我们几个素质比较高的人，都已经忍不住生气了。

总之，野营安排得不错，只是人不好。

> **妙如回复**
>
> 这样机械，有一个好处，就是操作起来简单，可控性很高。是你自己要来的，来了你就只能听他的。一旦不听他的，很多东西就都得不到保障了。这种野营活动机械操作向来是最安全的。当然，若你能找到他们能接受的方案，通过沟通，让他们变通，这就更好了。

※静

对于这次野营本是充满了期待，但现在我觉得这是一次糟糕透顶的经历。攀岩，射箭，高空秋千，听起来内容很丰富，也极具挑战性，但是如果没有一颗想玩的心和一个愉悦的心情，只是机械地听从指挥，就毫无乐趣。听从指挥是必需的，但前提是指挥者不是一味地固执己见，不知变通。

———————————————————————— 2017 年 7 月 17 日

 Springfield Central State High School

📝 【妙如随记】 >>>

今天到了一所高中进班学习。

📚 【学生日记】 >>>

※睿

今天，我们到了 Springfield Central State High School 学习。首先，我们到了教室，进行了一场欢迎仪式。每个人都结交了一个知心伙伴，大家都围在一起边吃边聊，很开心！

我们的第二节课，是我最喜欢的课程之一——舞蹈课！当我们走进舞蹈房时，我们根据老师的安排坐到了旁边！这时这些站在大家前面的女孩们，突然翩翩起舞，舞姿很优美。

我很期待明天会发生什么。是什么在等着我？开心？难过？

※思航

中午用餐时，发生了一件让我很有感触的事。我今天的午餐是鸡翅饭，但我忘记带任何用餐的工具。我本想向同行的朋友借一副餐具，可我跟我的伙伴解释之后，她说给我去买一副。我话音刚落，她便毫不犹豫地去包里掏钱。我连忙制止，我告诉她我可以向我的同学借到餐具，可她依然坚持去帮我买，拦也拦不住。事后，当她询问我一直拒绝的原因时，我告诉她："我觉得这样太不好意思了，才第一次见面就这么麻烦你，感觉不太合适。"然后她告诉我："买一副塑料餐具的钱非常便宜。只要十分。你不用担心这些的。而且如果我没有帮你买，我也会觉得很不合适……"就这样我们一直谈论着，哈哈大笑不止。我感觉自己是真的融入他们了。此处还有很多细节，我就不一一道来了。总之我们虽然都有些不好意思，但氛围是真的很有趣很和睦哦！

我真的从没想过会有这样一个初次见面的人愿意为我做这些，好感动啊。没有想象中的拘束，语言的沟通也不是障碍，一切都很好……

※伊人

终于到了最兴奋的时候了，今天可以知道自己的小伙伴，并可以去他们的学校学习。

今天我们上了舞蹈课。我真的非常抗拒舞蹈这种东西，但我还是很配合，尝试了一下。他们邀请了一些舞蹈班的同学给我们带来了一支很优美的舞蹈。她们都很美，舞姿更美。然后我们和她们搭档一起跳舞和玩游戏。真的很累，但是很好玩，所以很开心。我和我的舞伴交了朋友，然后体验了一次不同的舞蹈课。今天算是来澳大利亚之后最开心的一天了。

※静

今天是来澳大利亚当地学校的第一天，认识了很多新的小伙伴，也有了一个固定的伙伴，我们早茶和午餐都是在一起吃的。我刚到澳大利亚时一与人交流就紧张的情况好了很多。现在我可以很大胆地表达自己的想法和疑问了。看来勇气也是要积累的啊。

———— 2017 年 7 月 18 日

 澳洲课堂小浪花

【妙如随记】 >>>

一

与小伙伴交流
若想自己更全面，就扩大自己的交往圈。

二

玩游戏
要想圈子越来越大，圈子文化有生命力，包容性很重要。

三

上课时上厕所
人性化是要有的，但没有规则的圈子是不长久的。

【学生日记】 >>>

※静宜

今天发生了一件值得让人思考的事。

虽然我们是在 SCSHS 上课，但我们的英语老师依然是 UIL 的老师 Ella。因为我们不想一直上无聊的英语课，她便很贴心地说早茶之后的那节课用来给我们玩

游戏。我们可以玩狼人杀，所以我们很开心。

那节课一开始，我们几个想玩狼人杀的人便组成了一个组——10个人，1个上帝，9个玩家，人数刚好适合这个游戏。我们便围着桌子坐了一圈开始玩。我们刚把身份牌发下去，老师便让我们把规则用英文写在白板上，一人一句。我们照做了。写完后她又让我们修改语法错误。做完这些后，我们便继续游戏，但是我们刚继续不到一分钟，她又让我们把我们写的规则读一遍，我们也停止游戏读了。我们原以为可以继续游戏了，她却要每个人都一起玩这个游戏，不然就换游戏玩。我们向她解释，我们10个人对于这个游戏来说刚刚好，而且别人也不想玩，我们不能强迫他们。但她却说，我们是一个班级、一个整体，所以不能这样。我们又重复了一遍我们刚才的解释，但她不听。后面她要求：要么我们分开去和别人搭档，我们不能成为一组；要么全班就全部坐在一起玩。她说她出门一会儿，希望回来时看到我们全部坐在一起了。但我们说，其他同学可以成为一组，我们成为一组，刚好分成两组，就没必要那么麻烦了。可是她却认为我们在命令她，说我们的语气很粗鲁，她是老师，不需要学生来告诉她该怎么做。我说："这只是一个建议，并不是在命令你，你是课堂的一部分，我们也是。"可她说："我并不觉得你们是在给我建议，你们就是在告诉我我该怎么做。"后来我们又争论了好一会儿，她说她从未见过像我们这样顶撞老师的学生。我说我们并没有，这可能是中澳文化习惯差异而导致的，她却并不这么认为。之后，我们实在不想辩解什么了，她也不想再说了，我们便继续游戏，其他不玩的同学学习。

以下是我的个人观点。我生气是因为她没有提前把事情交代清楚，我们原以为一上课我们就可以开始游戏了，她却让我们先用英文写规则然后再读。这就算了，也没什么，之后她却偏要所有人都参与这个游戏。我也解释了，别人不想玩，我们不能强迫别人玩这个游戏，再加上人数刚刚好。他们可以找到他们想做的事而不是非要玩这个游戏。我也理解老师想让每个人融入课堂，毕竟这是她的义务和责任，但是我认为融入课堂不代表让学生做一样的事情。这节课本来就是为了玩，我并不觉得在课堂上同学们做不同的事就是不融入课堂，达到了课堂的目的才是真正融入课堂，所以我认为老师可以尝试着换一个角度思考，灵活变通一下。我承认今天我沟通的时候可能没有那么冷静，因为她始终没有明白我的意思。她觉得我们粗鲁，我们也许是在沟通交流上存在一些问题。毕竟我们不是 native speakers，我们不能保证我们的每句话在他们听起来都非常礼貌，每句话都能准确表达出我们的意思,而且中澳文化的确存在差异,这是不可避免的,所以我也希望她能给予我们一些理解与包容。对于我们不礼貌的地方,我也感到非常抱歉。

归结起来,我们双方都有错,都存在问题。我也会认真反思。

妙如回复

在国内,你所接触到的是老师教课时常会和同学交流怎样教更好;进行活动时,老师会要你们拿方案,而不是老师一个人说了算。很大程度上,中国的课堂是"师生半半",老师和学生都是主体,但从你们今天所体验的课堂来看,基本上还是老师是主体。她怎么说,学生就怎么做;若不听她的,她就认为是顶撞,是不尊重。你生气是没用的,要静心思考用怎样的方式与之交流,让他们也逐渐认同、接受你的想法。这也是我们需要共同研究的课题,也是今后中西教育融合、从事中西文化交流的人们都要面对的问题。

※小川

因为文化的差异,我们与外国人在平常的相处中会产生很多问题。这也许是我们需要提前准备出国的意义。在澳洲呆了这么多天,真的有点想念中国的食物了,虽然澳洲的食物也不差。今天上午就上了一堂烹饪课,和当地学生一起。我们组主力就是伊人了,她在这方面很熟练。虽然做出来的食物里面有种特殊的酱,而且这种酱大家都不是很喜欢,但过程确实令人享受。

※静

今天清晨就是让人愉悦的排球运动,我们几个人在阳光下嬉笑,一句英文一句中文地交流着。不同国家的人,却能很自然地融合在一起,很神奇。上午,学了烹饪一个澳洲当地的食物。说实话过程不难。因为小组进行了分工,所以每个人的参与度都很高。无法用语言形容的酱料居然做出了好吃的味道,让人惊讶。看来以后还是要多多尝试。今天有节课不太愉快。那节课我们本与老师说好玩游戏,但不知为何还是发生了很多不太愉快的事情,可能是人与人的思维方式不一样吧。我也只能说求同存异,力求双赢了。

―――――――――――――――――― 2017 年 7 月 19 日

 # 良好的教育需要我们共同努力

【妙如随记】 >>>

这几天微信疯转：这届高考状元是家庭好、颜值高、又会玩，自己又很厉害。家长的教育理念、生活环境、视野和能力，比家里有钱更重要。等等。

良好的教育需要学校、家庭、社会、个人共同努力。

【学生日记】 >>>

※ 静

今天的阳光很刺眼，寒风也很刺骨。早上我们都进行了演讲。有点紧张，一开始写好的稿子一半都没念完，但老师总结的短语还是很有用的，我都有仔细看，还用上了一些。下午都是和伙伴在一起的时间，但是我没看到我的伙伴，就和其他的伙伴一起玩了，学了一点尤克里里，还玩了英文版的狼人杀，很有趣，很开心。

※ 伊人

今天真的是我来澳大利亚最开心的一天了。早上我们和我们的伙伴聊天，我的伙伴杰西卡说我特别好而且很有趣，然后下午我们一起玩狼人杀。我们全英文交流，我教他们规则，大家都玩得津津有味。然后我们还一起打排球，特别开心。

我们最后互加了微信，然后一起聊天练习口语。

※思航

今天应该是学校有很多会议要开,部分同学的伙伴没有来,也包括我的伙伴。但这并没有影响我们与澳大利亚学生的交流,相反,我结识了更多的朋友,像 Naomi, Stephanie, Dani, Madison, Taryn, Jessica, 这些都是今天才知道名字的同学。虽然有些困难,但我还是将他们的名字记了下来……下午放学之后,他们还带着我们去逛了超市,心里觉得跟他们在一起真的挺开心的。很充实的一天。

【再读之悟】 >>>

现在的教育,早已经不是单纯地依靠学校了。家长的言行举止、家庭的内部环境等因素都影响着孩子的未来。努力学习,一方面是为了提高自己的文化素养,另一方面则是为了在未来为自己的孩子创造更宽广的平台,并且对孩子进行言传身教。

教育早已不只是老师的责任了……

余果

———————————————————— 2017 年 7 月 21 日

 # 依依惜别的友情

【学生日记】 >>>

※伊人

今天，我真的是被触到泪点了。我的伙伴，是一个泰国和澳大利亚的混血儿，她很漂亮很友好，对我真的非常好。我早上一来，她就蒙上我的眼睛，然后把我带到外面，突然打开双手，然后很多菜就出现在我面前。她说这是她一大早起来给我做的很好吃的泰国食物，她记得我喜欢吃辣的，她记得我很喜欢烹饪，她记得我喜欢米饭，她全部都想到了。我感动得不知所措，只能好好抱紧她表示我的感谢。她告诉我应该怎么吃，早上吃着新鲜会很好吃。我吃了，真的超级超级好吃，很开胃，有点辣和酸。这可能是第一个同龄人给我做饭。

后来，我和她一起上课，她一直怕我听不懂，用电脑给我翻译，因为老师讲话的速度真的特别快。上完课，午饭时间，她把我带到草坪上，突然拿出电脑放出音乐，给我唱了一首韩文歌，唱得很好听，不亚于歌手。她说这首歌是韩文，所以比较难，唱得不是特别好，感到抱歉。其实她唱得真的真的超级好，而且她不挑她擅长的英文歌是因为她觉得会显得没有心意，殊不知，我早已经感动得说不出话。

后来我们拍了很多照片，因为马上就要走了。好的时光永远过得很快，离别总是很突然，让人莫名忧伤。可我还是没有哭，突然她又掏出一个袋子说是给我的礼物，说为了我昨天没有去打工，一直准备到凌晨。我的眼睛突然就湿润了。我们认识五天，她为我准备了三个惊喜，足以把我强大的心灵"打碎"。我真的忍不住了，突然抱着她哭了起来，真的实在太愧疚又太感动了，已经止不住泪水，突然就不想离开了，还想多待待。她也哭了，她说她有无数个外国伙伴，可这是第一次哭。我真的越哭越凶，有点止不住，因为她的心意我实在是无法回报。她给我准备了那么多惊喜，我真的是被戳中泪点了。我想这次游学，我至少收获了这么多的朋友，他们都对我很热情很好。我还想回来看他们。

※思航

这次出国最有价值的，不是美到窒息的天空，不是沁人心脾的空气，不是可爱滑稽的考拉与袋鼠，更不是有多好多好的教学资源，而在于我交到了一帮值得我倾尽全力去爱、去关心的真朋友。不论时间、地域、国籍、语言，我们都友好地在一起……

在这里的五天时间真的一眨眼就过去了，嘴上说着不想去上学，其实心里每天都在倒数着我们在一起的时间，其实每天都把一点一滴紧紧地攥在手心里。今天我们就要分开，有多不舍，有多苦涩，说不出口，只有心里知道。我不是一个善于表达的人，临走前的沉默，相拥相视时的无言，坐在一旁看着紧紧相拥、潸然泪下的你们，我能留下的只有一封书信……

毫不夸张地说，我小学六年、初中三年毕业时都没有这么的不舍，虽然在这里只与你们相处了五天不到的时间……因为我知道，小学、初中毕业了，见面也只是想或不想的问题。可我在澳大利亚这一段段可爱暖心的友情不一样，也许26号那天我踏上飞机回国的那一刻，又或许是我最后说了那一句"再见"之后，这辈子可能就真的再也见不到你们了……

我喜欢你们每一个人，不论是疯狂幽默的Dani，还是温柔的Madison；不论是可爱的Naomi，还是漂亮贴心的Stephanie；不论是Jessica，Taryn，Savannah，还是Thalia，Emma……每一个人都是我心中闪耀着的星星，闪闪发光……

我不会忘记你们……

2017 年 7 月 23 日

听海，踏沙，寻贝，步浪，在黄金海岸

【妙如随记】 >>>

相逢在这纯色的海上，
听浪声声，
惊涛阵阵，
一层一层，
波波相拥，
涌来我迎，
退去我静，
似久违的朋友，
如相约的家人。
慢沙在志摩的海上，
只是不在同一纬点。
光着小脚丫，
拍着小伙伴，
追着那梦，
寻着那彩，
却想起他的偶然来——

我是天空里的一片云，

偶尔投影在你的波心。
你不必讶异，
更无须欢喜。
在转瞬间消失了踪影。
你我相逢在黑夜的海上，
你有你的，我有我的，方向，
你记得也好，最好你忘掉，
在这交会时互放的光亮！

有孩子说："老师，您总是在照海里的同学！"
我答："因为海里的孩子是动态的！"
孩子又问："您很喜欢刺激的活动？"
我说："拍海里的同学还有一个功能。"
孩子问："是什么呢？"
我说："可以看孩子们下海了多少，上岸了多少。"

【学生日记】>>>

※思航

来澳大利亚之前从未见过大海的我，在这里将大海上上下下、里里外外看了个遍。在悉尼的邦迪海滩，在菲利普岛的沿岸，再到今天布里斯班的黄金海岸，我感到海洋危机四伏，却也美得动人心扉……

吸取了上次在邦迪海滩把衣服全部弄湿玩得还不痛快的教训之后，今日我和锐晨两个人做了明智之选，各自买了一条泳裤和一双夹板鞋。准备毫无顾忌地去海里玩个痛快！

到海里前，我还想着这次一定要把海姑娘给征服。于是提起小裤衩，光着膀子，迈着脚丫就往浪里冲，然而下一秒我就被浪拍飞了……不过没关系，左脸被"打"了一巴掌，我还能用右脸去迎接海姑娘的"热吻"！直到我被"打得"四脚朝天，"五体投地"……

有勇气站在巨浪面前，看着巨浪气势汹汹、浩浩荡荡向你袭来还能不动如山的人，我觉得他们是英雄……有好几次，我看着比我还高的浪打过来，我那是怕得要死啊。不过我没跑，相反，我还对着浪里头扎。哈哈哈哈，很刺激啊。然而我已经不晓得在水里吃了多少盐了，也不晓得肚子里有多少水是从鼻子里进去的。

我们一直搏击风浪。之后又有一些勇士加入我们的队伍，还有外国美女同行……

总而言之，玩得很开心啊！

※嘉骏

来到了海边这个冰与火交替往复的圣地！来到海边，我们是兴奋的，但也是理智的。澳大利亚的海岸与夏威夷的海岸都是说不准什么时候你旁边就多了一条鲨鱼。(哈哈，当然不是那么容易碰到的，不过这边也算是概率较大的地方了。)这边的海浪，让我想起了钱塘江大潮，涛声阵阵，浪潮滚滚，但是我还是按捺住心底的那股冲动，没去海里玩。（因为我很懒，觉得玩完之后的收尾工作太复杂。）

※静

今天去了黄金海岸，算是第二次拥抱澳洲的大海了，感觉很棒。其实我也不知道为什么，挺喜欢水的，水声水味水色。暖暖的沙滩，冰冰的海水，想要推翻海浪向前冲，又害怕海浪冲击往回跑。在刚超过膝盖一点点的海水中嬉戏。其实那时天刚刚蓝，少年们刚好无忧无虑。

―――― 2017 年 7 月 25 日

在南半球,我们发现,我们感恩

 【妙如随记】 >>>

6月30日开始,长沙,广州,悉尼,堪培拉,墨尔本,布里斯班,一路辗转前行。

7月26日,由布里斯班,经广州,我们回了长沙。

36人,由北半球到南半球,由炎炎酷暑到暖暖冬阳。

飘越赤道,笑驾祥云,遍尝风味,品读清纯!

感受规则,体会差异,寻找原因,悟求道理!

走遍天下,唯一定论,脚踏实地,做强自身!

此行墨尔本,有最独特的回忆,那里有同升湖实验学校很多的学生,有对十年后的憧憬!

此行UIL,有之前有过、十多年后又体验到的对规则变化、主动权的再次思考,有一群敬业的人!

此行春田高中,有和美国不一样的安排,有一样的规则,有一样热情的师生。还有,他们将我和张主任签名送的《最美易经》放在了他们的阅览室,说是分享给更多的人。

此行从寄宿家庭的生活中,看到了老舍、巴金那一代人笔下的中国家庭生活的某些元素,感叹生活的真味。

此行,更多的还是陪着孩子们!

他们快乐,我们就快乐!

他们进步，我们就充实！

孩子们在自觉成长，我们只是陪同而已！

感恩此行！

感恩一切！

【学生日记】 >>>

※思航

一个月前，我们的飞机划过大半片天空，越过千山万水，最后在明媚的清晨，在微寒的清风中，亲吻了这片美得深沉的土地……

一个月后的今天，我们整理行囊，我们的飞机会在明天同样美丽的清晨，在这片美得动人心弦的土地上助跑、滑行、加速，最后飞离这片温情的土地。

初时，我欣赏这里无与伦比的美景。

可经历了许许多多的事之后，我更欣赏这里的礼仪、文化。

这是一个内敛却又开放的国家，人们都很低调，不声张，不炫耀。可他们却又非常热情。我走在路上，听到陌生人说一声"Hello, how are you?"已经成为习惯。在超市里，推着购物车会和同路的人谈论什么食品好。收银员也会热情地跟你聊天，直到你要离开时，再说一句"Bye, have a good day!"……在国外，我们并不孤单，因为交流只在于你想或不想，人与人之间并没多少隔阂。

谦让是扎根在澳大利亚人心里的一棵苍天大树。对于脆弱的人类来说，汽车绝对算得上是威胁，所以绝大多数情况下人们都会小心翼翼，生怕疾驰而来的车子将自己撞飞。而在澳大利亚，我没有这种担心，因为绝大多数的车主开车都小心翼翼，生怕自己会伤到过往的行人。只要有人站在路边，并且看得出有过马路的想法，车主就会停下车，透过玻璃招手示意让行人先过……如此可见，澳大利亚是一个多么温柔细致的国家啊！

还有就是我所居住的寄宿家庭，家里只有一对老夫妇。我很庆幸自己第一次出国就能遇到这么和蔼善良、耐心细致的寄宿家庭。他们对我和宋礼谙辰照顾得无微不至，一日三餐从来没有缺过，而且都是按我们的喜好来做，生活用品都为我们准备齐全，还有一人一间房，环境比我自己家的房间还好。所以我真的非常感谢他们,谢谢他们每天都让我们在困顿之余感受到家一般的温暖。其实在这个家里让我感触最深的,不是生活质量,而是他们这对老夫妇对彼此坚贞不渝的感情——他们结婚有五十多年了,相依为命过了大半个人生。寄宿家庭妈妈每天晚饭过后都有喝茶的习惯,这十几天下来,我发现每一杯茶都是寄宿家庭爸爸给她泡的,于是昨晚我就问她"how long has dad been doing that for you?"她的回答是"All of my life"。我听到这个回答的那一刻,真的觉得我们都只是一群小屁孩,现在说的喜欢,男女之间的那种爱慕,又怎么能够与这样饱经时间磨砺的感情相提并论呢?每一天,在寄宿家庭爸爸送我们去学校之前,他们都会与对方相拥,然后轻轻地吻一下对方的嘴唇。想一想,他们都已经六七十岁了,还能像这样不离不弃地在一起,我真心很向往这样的感情啊……我记得有一句歌词是这样写的:"我不羡慕在热闹街头热吻的少男少女,只羡慕寂静老巷子里牵手相依的老人……"

来澳大利亚,算上所有费用,我花了八千多刀(澳元),收获了超级多刺激有趣的经历,买到了许许多多衣服,帮亲人买了很多特产。我将满载而归,却将要把我爱的这些可爱的朋友们留在大洋彼岸了……

我会记住啊,一个个你们,一段段经历……

也请你们别忘记啊,有一个我,在世界的另一边,想念着你们……

澳大利亚之行,我得到的,不止一星半点。我会带着这一段段欣喜、激动、温暖、不舍的记忆,会带着这一份份坚不可摧的友情,继续坚强地走下去……

生活从未变得轻松,是我们在一点一点地变得坚强啊……

澳大利亚,这个倾注了我一个月青春的土地,有一天我会再次降临,重拾记忆,也为找回那些我爱着的人……

※宋礼谐辰

犹记墨尔本大学那次交流,有学长特别强调,留学的第一要义是自律,没有人会管你的学习。在中国清华大学毕业、在"墨大"博士毕业的陶乐夫同志告诉我们,国内基础教育很好,要在国内打好坚实基础,这样出国才能"建更高的楼"。这些话我深深地记住了。

其实,来这里我最大的感触就是这里大多数孩子比中国孩子更有"孩子味"。澳大利亚当地孩子基本上不接触电子产品,都是在户外运动,或者参加别的活动。中国孩子很多都是在家窝着,玩手机电脑,出去活动的次数少之又少,因此体质也大幅度下降。这是我们应该向澳大利亚学生学习的地方。通过此次短期游学我认识了位日本人,他叫 Keigo,他十分热情友好,对中国人没有偏见,我和他很聊得来。他告诉我日本学生特别喜欢打篮球,我还向他请教了下日本人的风俗习惯。一路上我与他一直在交谈,还加了他的微信。Keigo 表示我以后来日本可以告诉他,然后请我客,我也表示欢迎他来中国玩。

旅程过得是很快的,如今我已经回到了中国,但是澳大利亚游学的那段日子仿佛就在眼前。我无法忘记这个美丽的国家,也无法忘记这里的每一个人。寄宿家庭的老奶奶天天给我们做不同的菜,老爷爷天天开车接送我们上下学,日本人 Keigo 热情地与我们交往,还有这里的小伙伴与我们欢快地玩耍……

※何泽

成功是要付出代价的,任何成绩都是要一点一点争取的。我们每天都必须反思自己是否愉快地利用上了每一点时间。

尾声

行者无疆

丈量
ZHANGLIANG

让自己更优秀,才是最好的决定。新的时代已经来临,我们要一起昂首前行。

——久盛

———————————————————————— 2017 年 8 月 3 日

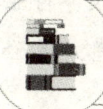 日本之行

【学生日记】 >>>

※敬崇

作为一个日本动漫爱好者,我一直都想来一次日本。这次是我第一次来日本。刚刚来的时候,第一个注意到的就是日本的国民素质。不得不说,日本民众的素质的确高。他们会严格按照垃圾的分类倒垃圾,会严格地按规定不抽烟,也会严格遵守交通规则。虽然之前早就听说过,但是真正见到还是很佩服的。

我的第一站是东京。东京是一个地少人多的繁华城市。我第一天住的酒店,是一个比中国普通酒店都小的酒店。酒店外表很豪华,一看就是高级酒店,但是内部不大。这个酒店虽然很小,但是"五脏俱全",酒店该有的东西都有。每一个地方都被充分地利用起来。房间的设计和布置都非常精致和细致。日本可能就是这样,给人的感觉就是非常精细。我们在路上买了3个剃须刀,只要人民币13元,非常便宜。如果在中国我可能不会买这么便宜的剃须刀,但是因为这是日本生产的,我就不知道为什么,感觉很放心。和我同行的俊哥,他没来之前,就用过很多的日本产品。我觉得日本产品这么受欢迎有两个原因:第一个就是,中国有很多高质量的产品,但是中国对自身高质量产品的宣传力度不如日本;第二个就是,中国的一些产品缺乏良好的质量保证,损害了中国产品的信誉。

第二天我来到了我的世界——秋叶原。我到了那个著名的车站旁,拍了很多照片,买了各种零食、各种娃娃。去女仆咖啡厅时,我犹豫了一会儿,但是最后还是去看了一下。

下面讲一讲日本这个国家给我的其他印象。

我觉得它是一个很简单、很忙碌的国家。人们白天工作很久，有的人晚上还要加班，社会压力很大。可能他们一个很大的乐趣就是喝酒吧。听当地人说，一些平时西装革履的上班族，周末就会在路边喝酒，有的还喝得醉醺醺的。日本给我的另外一个印象就是，他们基本上都是笑着。我想，这应该是日本服务行业排在世界前列的一个重要原因吧。我去大阪环球影城。里面的工作人员都是笑脸相迎，给人一种非常亲切和善的感觉。

说到笑容，我觉得日本人的笑容已经成为了他们职业的一种要素，或者说一种职业习惯。习惯成自然。于是他们的微笑融入了他们的日常生活之中。

而在中国，我觉得，微笑还没有成为人们的一种职业习惯。人们在工作中保持微笑的现象还不够普遍。而且，有的人在工作中的微笑也还不够自然，显得有些僵硬。但是，不得不说，在日常生活中，中国人的微笑是非常好看的。不管怎么样，我觉得保持微笑还是很重要的。因为不管是出于职业习惯的微笑，还是自然的微笑，都能够给人一种良好的感觉。

日本的大城市，人真的很多，但是日本还是有很多人少的地方。我去到日本的乡村，人就很少。住在乡村的别墅，感觉空气很清新，夜晚的风景更是妙不可言。随便走走，就是一座绿树葱茏的小山丘。我想，早起的人应该能体会到"蝉噪林逾静，鸟鸣山更幽"的感觉吧。

在日本，有很多的中国游客，感觉素质也很高。大家身处异国，都能很好地尊重当地的文化，遵守当地的规章。全然没有以前听说的各种不文明行为。我想，这可能是，随着中国人越来越多地走出国门，大家越来越感受到中外文化的差异，也越来越能够避免因为文化差异而带来的误会了吧。

俗话说"入乡随俗"。除了要接受日本的规则和礼仪，还要学着接受日本的食物。日本食物和中国食物差异很大。我的朋友用一句话形容日本食物——没有什么特别好吃的，也没有什么特别难吃的。

这是我第一次到日本的感受，至于风景我就不说了。

妙如回复

敬崇第一次到日本的感受，谈到了日本人的素养、工作，还特别谈了他们的微笑。有自己的视角，有自己的理解，客观评价他人时，也能理性关照自己。读着，我想起了自己2014年随张主任一道带学生去日本参加一个国际性活动的其中一个场景。

当时，我们参观一所已有140多年历史的学校。

他们举行了非常盛大的欢迎仪式，设置了多重高大拱门，全校师生列两队，迎接我们的到来。

我们一起吃了午餐。我们看到了学生吃午餐的全过程。他们六至八人一桌。所有孩子，不论年龄大小，都要自己动手。他们每个人都有不同的分工。有的摆桌子，有的铺餐布，有的排队打饭，然后再由打饭菜的同学分给同桌的人。用餐后，他们同样又各司其职，收拾餐具、桌椅，还原至之前上课的样子。每人喝一杯牛奶。喝完后，每个人都将奶杯按照包装纹路折叠，放在一个纸杯里，由一人送至固定的地方。一切是那样熟练，又是那样自然。

临走时，那些老师和学生牵着、拥着我们，依依不舍。车开出很远了，他们还在追着挥手致意。

短短的几个小时，我们都有一个相同的感受：他们待人很热情，办事很认真、精细、程序化。

不得不说，日本文化的确有值得我们学习的地方。但是，吸收先进文化务必要学会与本土文化对接，不能盲目引进，更不能一味照搬，而是要在本土文化的基础上，实现外来文化的本土化。然后，创新出既能解决中国现实问题，又能适应国际发展潮流的新文化。

———————————————————2018年8月8日

 让自己更优秀，才是最好的决定

【妙如随记】 >>>

参与全球治理，需要大量的国际人才，这些人才需要具有国际化的视野和创新能力，掌握本国文化和本专业国际化知识，掌握国际惯例，有较强的跨文化沟通能力、独立的国际活动能力、较强的处理和运用信息的能力，而这些能力不是仅仅通过书本就能获得的，务必理论与实践相结合。打下了一定的基础之后，边读书边实践，成长会更快。

在阿根廷留学的同升湖实验学校的学生陶鸣这样写道：

我的目标一直很明确，不能为了读书而读书！我们在学校里学习不同的科目是为了达到我们的目标，而毕业证绝不应该是唯一的目标。读书是一个过程，脱离了环境去学习是不可取的。我认为几乎所有的课本里的内容都是前人在他们生活、工作的基础上总结出来的经验。如果只是一味地去学习那些"经验"，可能会丢失掉学习的意义和乐趣。我们还要自己去思考，去发现，去创新。

身处异国，我始终认为我们应该要融入到我们所生活的圈子里，了解他们的文化。从他们的文化里去体悟他们因此而形成的行为、思维方式以及习惯。学习也应如此。我从不后悔当时一边学习，一边工作。相反，我更应该感谢这些经历。这些经历既让我练习了语言，又让我认识了他国职场文化，了解了异域文化，还让我有了独立生存的资本。这些不同领域的经验大大地增加了我对当地文化全面、多维、深度的了解，也大大地提高了我的自主学习能力。我坚信：自主学习能力是决定我们生活质量的重要因素之一。中国需要大量的精通两国乃至多国语言、了解多国文化、具备多种专业技能的多能人才。欧美早是如此，那拉美未来这方面的需求也一定会呈井喷状出现，不然为什么会有大量的中资企业在拉美"水土不服"。在我看来，归根到底还是因为对当地的文化了解不够，研究不够，学习不够。

我给自己的定位不仅仅是一名普通工作者，我更享受引领他人的快感。就如同一艘船的船长，也许他不能具体地了解船上的每件事，但他一定需要有独特的人格魅力和过硬的核心专业技能来领导和带领他的船员顺利安全地将船开至目的地。船长的决策能力直接决定着船的安危。那一个组织的领导者又何尝不是这样呢？我给我的同学分享："我们是留学生，语言重不重要？必然重要。我们在大学学习某个具体专业，专业知识重不重要？必然重要。但是对他国文化的了解，比前两者更重要。"我们不懂语言可以寻求翻译的帮助，不了解法律可以咨询律师。但如果我们不了解我们的合作伙伴，那专业技能又有何用呢？

越优秀的人，经历越多。而经历越多，又越优秀。若不想奋斗，只能永远过平庸的生活。

无意义的玩乐和游戏只会浪费时间。生命太短，经不起耗费！

唯一能持久的竞争优势是胜过对手的学习能力。

唯一能引领的方式是走出范式。

让自己更优秀，才是最好的决定！

孩子们暑假应邀参加了耶鲁青年经济论坛在上海举办的商赛（商业模拟挑战赛），写下了感言。

【学生日记】 >>>

※子菡

商赛决赛可算结束了。短短的四天时间，感觉过得十分漫长，各种烧脑的"项目"和"展示"几乎耗费了我们所有的休息时间。三四天过的都是凌晨两三点睡觉、七点爬起来匆匆洗把脸、换上正装赶到会议厅的日子，甚至连早餐都没有时间吃，每天的午饭、晚饭都是快餐。因为任务太重没有时间出去吃饭，所以每天到饭点看到的都是一个个西装革履的人下楼拿外卖。我该庆幸的是，我的团队是个很优秀的团队。洁哥的领导和运营，带领我们一步一步往上走，每一轮名次都在往前进。胤孝、颖旎、雨沐、守珉的公开演讲，在面对强大的对手时仍然十分流利大方。四方、霆雄和我提供技术方面的支持——PPT、网站的制作等等，尽全力地辅助他们。或许一个团队最好的状态，就是每个人各司其职，都尽全力配合队员的工作，全力以赴，不管结局如何。我想，这几天会是我人生经历中很难忘的日子。虽然这次拿到的只是全国第八的成绩，但是想想，我们已经比地区赛的时候进步了很多。尽了全力，但只拿到第八的成绩，让我意识到，在现在的社会，优秀的人太多太多。俗话说得好：人外有人，天外有天。不能只把眼光局限在自己所处的地方，要走出去，多看看别人的优点，要看到别人的优秀，看到别人的努力。我想，我很努力了，但是有人比我更努力。那我只有更加努力提升自己，才有可能超过他们，这也是我在这次商赛中得到的一个很深的体会。现在的我，还很弱小，只有努力，不断地努力，才能一步一步超过现在走在我前面的人，未来的路还很长。我们会经历很多次的离别，这次的八个人，不知道什么时候才能重聚，也不知道重聚的时候我们都成长成了什么样子，但是不论怎样，没有人能阻挡我们前进的步伐。在那条未来的路上，自己，才是真正要打败的对手，要不断地超越自己，让自己更加强大。所以，我们一定都要加油。期待很久的耶鲁青年经济论坛让我有很多感悟。最重要的一点就是，在少年时期，有这样一段经历，有这样一个团队，我很开心，也很幸运。感谢相遇，后会有期。一起加油吧！

※颖旎

在外面走一走，会发现更大的世界，会发现比你更优秀的人。原本在华中赛区拍卖会的时候，我们获得了第一，"拿到了700万的奖金"，但是我们后期几乎只能亏本卖出我们的半成品。在这次比赛中，我们学会了很多。这次耶鲁青年经济论坛让我看到了我们团队每一个人的优点和缺点，也让我学会了如何去改正自身的不足。四方、霆雄的IT技术真的很棒，设计出了"公司"的手机产品及网站；洁哥的思维逻辑也令人敬佩；胤孝遇事有着这种年纪基本没有的沉着冷静，让我们惊讶；子菡的办事能力也很高；守珉有着坚持不懈努力的意识，一直努力地争取时间背稿子，好以出色的状态去迎接"展示"；雨沐的口语进步很大，在"展示"的时候也没有出过错误，发音也非常好。当然，大家也说我做"展示"的能力进步了，临时接到的话题也能落落大方地介绍出来。大家都有进步，但是这些还不够，因为比我们优秀的人还在努力，我们又有什么资格去浪费时间、去偷懒呢？四天三晚，每天只有五六个小时的睡眠，而每个人都在坚持不懈地努力，真的辛苦了！感谢我们的对手让我们知道，我们还有很多不足的地方！

※胤孝

感恩，让我有缘遇见精彩的你。"一次偶然的相遇，或许就决定了今生的姻缘。感谢上苍让我在春天万花烂漫的季节遇见最美的你，让我的心灵有了陪伴……"或许，这段话触动了很多人的心底，但遇见的，可以不只是姻缘。它可以是难忘的经历、真挚的伙伴、深刻的领悟，还有最美好的自己。

在这四天三晚的商赛中，金碧辉煌的大堂，强大的对手、善良的友人、无私的队友，震撼、激动、奋斗、感动，共同交织了这段时空。之所以难忘，是因为世界各地的参赛者们的优秀成了我们向上的动力，是因为一个个和气的人互相尊重、共同成长。他们是我们的对手，但也曾与我们"共舞"。最离不开的是那些相识、相知的人。他们在你倒下的时候继续向前冲，从不计较付出与回报，只是默默地努力，活泼地相处，所以你才有了站起来的动力。名次不重要，但为名次奋斗的感觉很重要，或许正是因为有了他们的陪伴，名次才显得重要。

看见别人的优秀很难得，看清世界的宽广也很难得，良好的心态很难得，不同的体验也很难得，有朋如斯更难得。而最难得的，莫过于在最美的季节遇见最美的自己。我们自己很温暖，也把温暖分享给大家。

感谢，有你。等我，明天！

 整理的那些事儿 ——————— 2018 年 8 月 13 日

【妙如随记】 >>>

2017 年 6 月，国际部 55 班有学生提出，将我们一年的师生日记整理出来，分享给大家。我赞同，说让他们自己来整理。所有的事情，经历过，今后做起来才会做得更好。于是，张敬崇同学开始整理美国卷。毛伊健、彭婷开始整理衔接卷。张思航、罗静宜、李小现、尹伊人、雷茗轩、向胤孝、曾文鼎、余果等整理高一第一学期、第二学期卷。因为工程浩大，进展相当慢。

2018 年 3 月，伊人再次提出："老师，我们的书什么时候可以出来呀？"我笑："那要问你们自己呀，你们先得把稿子整理出来，然后交给出版社看。有价值，才会有人给我们出。你们真的很想出出来吗？"孩子们说："您说的，好东西要分享呀。"我说："既然大家这样希望，那就再次把它提到日程上来吧。"

于是班长余果、执行班长罗静宜和向胤孝组织，成立了整理委员会。并在同学自己申请的前提下，再次按学期、按月份分了工。

首先是从网站 www.miaoru.com 上下载日记并整理成文档。这个工作在 2017 年 12 月已经完成。

第二步就是进行删减。第一次删减，将每学期一百多万字的师生日记删减一半，控制在五十万字以内。这均需学生删减。同类日记内容只保留写得最好的，保留有特色的、有个性的。尽可能每名同学的日记在这本书中都展现，能看出学生们的成长轨迹。

这次删减后，重新分了工：余果、敬崇负责《丈量》卷，毛伊健带队《交

界》卷，雷茗轩、李小现、向胤孝、曾文鼎负责《心界》卷，张思航带队《跨界》卷。整理过程中，孩子们可以写再读之悟。

接着，又进行了第二次删减。这一次删减将剩余的内容再次删减一半。实际字数每本书不超过24万字。这些均需学生删减。

一个早晨，我问孩子们："书稿整理进度如何？"

静宜回答说："我是删不下手了的。"

余果说："我这里只能删一句句的话了。"

书稿还要删掉一半，真不是件容易的事情！

我看了静宜删掉的稿子后，真觉得她的那份果敢我都难及。

静宜的日记：

我做的事情其实很简单，就是根据每天的主题进行删减，删除一些多余的、没有必要的废话，"精炼"整本书的内容，留下真正的精品。删减这个任务，看起来容易做起来难。如果不是真正用心投入做了这件事，我永远都不会知道做一名编辑有多么困难，完成一本书要费尽多少心血。

陶妈给我第一本《丈量》的稿子时，就教我该如何删减。不仅仅要删减，发现错别字也需要改正。她说，删减其实就是要看这篇文章"踩点"如何。如果"踩"到了一个非常好的"点"，就留下。我也是这么做的，但是我遇到了一个巨大的难题，有的文章"踩点"很到位，但是在语言表达上有欠缺，经常出现句子读不通或者标点符号出错的情况（我们都是每天晚自习后，用手机写的日记，尤其是在手机上使用标点并不是那么熟练，有时就是用空格或者一个点）。我也没有办法，只能尽可能地修改到语意通顺，毕竟我不能让有思想的文章被埋没。有的同学还会偶尔写英文日记，所以发现语法错误时必须要帮他改正。当然，在修改英文日记时，我也感受到了我这两年来的进步。无论是其他同学写的英文日记，还是我自己曾经写的英文日记，现在的我都能一眼就看出错误，并能用更地道的方式表达出来。在纸质稿上删减完一遍后，我还需要在电脑的原稿上删减。在电脑上修改的过程中，我又能挑出之前没有发现的错误或是一些需要删除的文章。删减完一本两百页的稿子，需要花几周的时间。毫不夸张地说，删减完一本，我感觉我的近视眼都要出来了。

编辑虽然是一份工作量巨大的辛苦工作，但是正因为做了这份工作，我才能掌握这项新的技能。在翻阅以前我们写过的日记时，我能真切感受到每一个人的成长。写日记就是记录历史，在日记中无论是对自己的肯定和鼓励，还是偶尔流露出的矛盾与悲伤，都是我们曾经走过的路，看过的风景。也许多年后我们遗忘了曾经经历过的点点滴滴，但只要翻阅这本书，一切都会重现眼前。

第三步：写再读之悟。

这种原始稿件的整理与删减，需要编辑者有自己独特的思想、独到的领悟，精准提炼出作者的观点，进而揭示其作用和意义，"还要把握好一个度，不能太简单，又不能太浮夸，要能使人看后产生思想的深度，有能思考的地方（小现日记语）"。对于学生来讲，这些都是极具挑战性的。

张思航同学这样记录自己当时工作的情景：

一直以来都很喜欢看书，也很崇拜创作的人。因为有他们，这一行行字才有了生气。书中的一草一木，不同于现实里的浮华。书里的世界，是静美的、惬意的，我常沉醉于这方乐土，享受着每一个故事所带来的喜怒哀乐……

从前我认为，主编一本书，只不过是一项简单易行的任务。只要书的样本出来了，编辑不过是小菜一碟。可这个假期尝试编辑了一部分文章后，我发现它不仅是一门工作，更是一门艺术，是一个锦上添花的过程，是画龙点睛中最为重要的那一笔！

如果说作家是赋予优美的文字和语言以生命和灵气的人，那么编辑就是将这样一个个生命活灵活现地展现在世人面前的人！

假期里，完成这项编辑任务的效率并不高，一天也就编个一两篇的样子。客观原因是初次接触、尝试这样的编辑工作，对各种方案与技巧不了解，每改一篇都要费神费力，还有许许多多的疑问。这种情况下，多亏了有陶妈这样资深的作家、编辑在旁指导、点拨，我才完成了编辑的任务。

而主观原因是，我想在每一篇文章末尾写篇"再读之悟"，总结概括文章所蕴含的含义、思想和文化。为了将每一篇感悟写得生动、恰当，我常在夜深人静的时候，一个人坐在床上放着轻音乐找灵感，有时绞尽脑汁就为了想到一两个合适的词或语句。也因此，每每认真写完一篇感悟，我都觉得脑袋里所有的灵感都被掏空了，自己也没剩多少精气神了……

今天回校便和陶妈在办公室就编辑的感觉长谈了一番，陶妈点出了我所写文章中的一些地方怎样表达会更好，也教了我许多行文的手法和技巧。虽然现在做主编对我来说着实有些困难，但正如陶老师在《大国教育》里说的："大师起先都是初学者。"我现在还是一个刚上路的苦行僧，修为尚不足，但我会继续努力！

伊健同学找我聊感受，说前后两次编辑的感觉完全不同。

他说："这个假期在家还开了夜车，每篇文章至少要看三遍，才敢动鼠标。感觉自己写作水平退步了。"

我问："何生此感？"

伊健说："上个学期初次整理的时候，看自己写的日记，觉得怎么写得这么差呀。自己都觉得自己那个时候，真的很差。可这个学期，认认真真读一年前写的这些东西，却发现，这是我写的吗？怎么自己觉得写得真的很不错呢？"

我问："你觉得原因在哪儿？"

伊健说："真的有点搞不懂了，为什么前后两次编辑的感觉完全不同了呢？"

我说："很简单，你水平提高了呗！"

"我们现在所做的编辑工作是需要比写文章的人站在更高的位置才能做的事情。删谁的，保留谁的，都需要站在全局的高度。第一次，我们只是整理，你觉得自己写得差，是相对于你现在的水平，也就是和自己的水平做比较得出的感觉。第二次，我们需要删减，你是站在全部稿子中去比较，参照物是其他日记，所以，觉得还不错。两次编辑的感觉不同，是因为你阅读的视角发生了变化。"

"再者，至少要看三遍，才敢动鼠标，这是你准备写再读之悟的感受。之前我们写日记时，你看了老师写的随记，但写日记没有要求一定要根据老师的随记写，你想怎么写就怎么写，也没有想要去出版之类的制约，所以你写东西无需思前想后，反复琢磨，所以快捷。现在，你是负责这册的'首席'，你知道这是要出版的，你不仅要看懂老师写的随记，领会老师的意图，还要看懂同学的日记，所以，你要全面考虑，反复阅读，慎重思考，才能动笔。这是你成长的'声音'，也是你质变的轨迹！"

学生在整理的过程中，不但自己整理，也将家长们邀入其中，征询他们的意见，请他们写序，久盛妈妈、伊人妈妈、余果妈妈、文鼎爸爸、懿轩爸爸、雅文爸爸等数十名学生家长都为此书写了序言，因篇幅有限，我们只选了一篇作为代表。

也是因为工程浩大，四本书稿进度不一，最后根据整理进度，我们主要截取了两个阶段的日记。一本命名为《心界》，一本命名为《丈量》。两本书一起出版。

出书是为了分享。能够让别人感觉到是"享"，这就要靠书的质量。于是我为学生开设了一门特殊的课程——编辑课，让学生思维的空间得到更广阔的拓展。这是体验式课程，参与度很广，每一名同学都参与进来了。

要与出版社谈出版的事情了，我希望学生也参与。余果和我一道去了，他感受也挺多的，写下了日记：

和有文化的人在一起，谈的内容都是文化。

下午，跟随陶妈来到了出版社。到了之后，我有幸认识了湖南教育出版社的刘总编辑，友善的笑容让我很快放松了下来。最开始，我们在谈论关于出书的事，但是刘总编辑也谈了其他话题。他打开一本书，书上有很多的标记，说山脉走向从哪里到哪里。陶妈竟然不看书也可以说出。在署名问题上，陶妈坚持书是学生整理出来的，要用学生做主编。刘总编辑却说："您是想成全学生，我理解，可这两本书稿的质量单凭高二的学生能够达到吗？德要配位，这是我们出版人的底线，需要您自己牵头。"我发现原来要出一本书比想象中的要难很多。

之后，刘总编辑又谈了一个问题：为什么中华文化没有中断过，他还没有看到很有说服力的论说。陶妈却笑着说："中国文化就像一个生命力永驻的人，这个人可能有时也会生病，但死不了，会自然恢复或者靠医治恢复；有时也可能会休克，但那不会太长，因为它本身有'龟息大法'，会自然醒来。在几千年的文化长河里，病那么几年、几十年，或者'龟息'一百年也不是没有意义的。中国文化从未中断，只是有起伏而已。"陶老师真是令人折服。

出来一趟学到了很多，和我爸说的一样，出门看看并不是说让我去做什么事，而是让我去经历，然后从中学到知识，成长。再次记起陶老师的话："人的智商没有多大的区别，智慧是在经历中形成的。"

书稿第一次排版，《丈量》402 面，《心界》396 面，孩子们全部放假，主要负责的学生大多 8 月底、9 月初就要出国了，最后的删减工作只能是我和张修明主任来负责了。书不能太厚，还要删除三分之一。一次删减不下来，只能再次删减，最后终于将内容、篇幅定好。

封面设计稿发给了学生，他们提了建议，做了选择。主要要求是厚重、大气、高雅。

《心界》《丈量》即将付梓，和孩子们一道整理的过程，是很有意义的。

一个人走，会走得很快，但不一定走得很远。一群人走，会走得慢一些，但一定走得远一些。我们不缺合作伙伴，只缺合适的合作伙伴。作为老师，每一届学生都是你的合作伙伴；作为学生，每一位老师都是你的合作伙伴。一开始就很合适很好，若遇到不是很合适的，就要坐下来交流、沟通，达成一致，引导他和你"同层同步"。这很难，而恰恰这就是需要老师的意义。陆游在《六经示儿子》中说："六经如日月，万世固长悬。学不趋卑近，人谁非圣贤？马能龙作友，蚴乃瓮为天。"睿智是通过学习培养出来的。

习近平总书记在庆祝中国共产党成立 95 周年大会的讲话中指出，我们要以识才的慧眼、爱才的诚意、用才的胆识、容才的雅量、聚才的良方，广开进贤之路，把党内和党外、国内和国外等各方面优秀人才吸引过来、凝聚起来，努力形成人人渴望成才、人人努力成才、人人皆可成才、人人尽展其才的良好局面。

学校给老师搭了台，老师要给学生搭台，学生也给老师搭台，彼此鼓励，相互促进，奉献时代。

新的时代已经来临，我们要一起昂首前行。我用李小现同学在拍毕业照（高二后有部分学生出国留学，提前照了毕业照）那天写的日记作为本文的结束语：

集体照意味着一个集体在图像形式上的总结。集体照上出现的所有人和物都是这个集体存在过的见证。

集体里每个人的意志汇集在集体里便有了集体的文化，集体的文化引领着集体里的每个人，指明了集体前进的方向。

55班这个集体从第一天就建立起了规矩。规矩约束着集体里的每个人。每个人都知晓自己的目标,朝其努力。每个人都蓬勃向上,集体自然而然地变得阳光,变得积极。

一张集体照让所有的集体成员明白自己的过去,知道自己为集体做过怎样的贡献,集体又是如何默默地帮助每个人成长,让每个人开始展望这个世界,进而投身建设这个世界。

后 记

所有的获得，都是时代的赠予。

《心界》、《丈量》得以付梓，感恩孙培文校长让我兼任了这个班的班主任，使我有缘遇见这批学生。

感恩张修明主任的信任与支持、规划与指导，让我和学生能够自主地探究我们学习、生活、成长的最佳的方式。

感恩邓珂、吴霞薇、何康、刘念、吴婷、朱凤林、谭淋文、李晓彬、陈海平、龚艳琼、陈佩、何晔娟、胡婷、尹瑜林、吴晴、彭婷、贺婷、谢云、刘星、张丹丹、周甦、罗思颖、江明慧、黄迪龙、陈卫华、陈海凤、胡汉华、周邓龙、刘清丽、王赛艳、熊雪英、赵丽娟、兰宪文、蒋新建、张海霞、刘美霞、陈太平、刘晓华、梅平、张修明以及外教等所有为55班孩子奉献着的老师们，是您智慧的陪伴，让我们的实践探究颇有成效，孩子们各具特色，与众不同。

感恩"让爱智慧——陶妙如教育工作室"的所有专家名师们，因为你们的支撑，使许多操作领先有痕。

感恩一直关注着这群孩子成长的蒋健文、张明之、黄勇、甄和平、徐科、张轩、李庄严、张斌、陈鹏、王芳、熊波、孙毅文、杨银香、孔欢欢、谢立英、谷金瑛、薛建荣、姚丽君、黄河明、杜典宏、张仁武、汤正和、朱元英、李清江、向赞勋、刘贤宏等学校的老师和领导们。

感恩55班所有的孩子，是你们发现了自己，挖掘了自己，塑造了自己。因为你们的创意，因为你们的努力，才有了今天的成绩。从你们的成绩里，我看到了你们的生活能力、学习能力、领导能力。你们经历了磨砺，有了独立性、责任感，学会了尊重，有了敬畏！我们老师因你们而精彩！

感恩所有我曾相遇过的孩子们！

感恩55班、61班、77班所有孩子的家长。因为您的修养、您的信任、您的理解、您的扶持、您的参与，让我们的记录丰富多彩。

感恩湖南教育出版社总编辑刘新民先生。

感恩湘潭市子敬慈善基金会发起人。您说，好的教育应该分享给更多的人，让更多人获益。您购书万册，捐赠给湖南部分贫困地区的老师们。您的善举会鼓舞我们的老师，也会鼓舞我们的学生，更会鼓舞在精心做教育的人们。

感恩褚娅妮、茹庆全、薛建国等集团领导的关怀与扶助。

感恩安博教育集团董事长、北京华侨科技创业者协会会长黄劲博士，感恩您为此套丛书作序，并作推介。我们定不负您的期望，努力成为能为家族、国家和世界做出贡献的人！

感恩所有关注着我们成长日记的人们！

生命永恒，感恩永存！

我们会带着感恩继续前行。